Kenji Tasaka

田坂憲二

大学図書館の挑戦

和泉書院

目次

第二章　大学図書館の実践　所蔵資料展特集形式の試み……五一

凡例

一、本文表記は原則として新漢字に統一した。そのため書名・作品名の表記などを一部改めた箇所がある。ただし人名に関しては、正字のままとした。

二、書籍の奥付の年月は、西暦・元号が混在するが、すべて西暦に統一した。又それ以外の年月も、原則として西暦で表示した。

三、英文字による略称は、原則として全角大文字に統一した。そのため一部通行の文字表記と異なる部分がある。

四、巻末主要書籍検索システム・用語解説の語句については初出箇所に＊印を付した。

第一章　大学図書館の実験

一、大学図書館の実験

(一)

筆者は、二〇〇三年から四年間、勤務先の大学の附属図書館の仕事を兼任した。専門とする日本古典文学との関わりは別にしても、もともと本や図書館は大好きであったから、せめて任期の間は、教員や学生にとって、また学外の利用者にとって、一層充実した使いやすい図書館にすることができたらという思いのようなものはあった。大学の附属図書館といっても、助手以上の教員数が約六〇名、学生数が約八〇〇名の小規模大学である。我が国最初の公立女専という伝統はあるが、数度の火災で蔵書を失った経緯があり、現在の蔵書数も十数万冊に過ぎない。ブックコンテンツ*をはじめ図書館業務でも常に最先端を行く東京大学、東京大学文献情報センターにいち早く接続し目録所在情報システムの確立に功績のあった東京工業大学、鈴鹿本今昔物語など国宝級の資料をいち早くWEB公開した京都大学、そのほか千葉大学、名古屋大学、大阪大学、大阪市立大学、九州大学などで様々な先駆的な試みが為されていることはぼんやりとは聞き知っていたが、同じ国公立の大学といっても、予算も規模も桁違いに少ない本学ではあまり参考にはならない。まして豊富な人材と予算を機動的に投入する私立大学には太刀打ちできない。それでも、小規模なりに、周回遅れの改革ぐらいはできるのではなかろうか。牛歩であっても、留まるよりは半歩でも進むことが必要なのではないかと考え、いくつかの実験的試みを行ってみた。本書はその報告である。

(二)

最初に取り組んだのは、図書館所蔵の資料を展示する試みである。筆者の所属する日本古典文学の学会が開催される折には、会場校の貴重図書資料が展観され、眼福に浴することがしばしばある。もちろん学会とは関係なく、大学図書館が主体的に所蔵資料の展観を行うことのほうが圧倒的に多く、今日ではそれがWEB上でも公開されることがある。大規模大学、伝統のある大学では、貴重な文物が多く、様々な主題で展観を継続することができる。筆者も以前の勤務校で、そうした展観の解説を担当したことがある。ところが本学のように小規模大学では、そのようなお宝的文献も少ない。一、二回の展示は可能であっても、すぐに材料が底をついてしまう。にもかかわらずこの仕事に真っ先に取り組んだのは、前任の図書館長が、小さいながらも展示スペースを設置しておいてくれたことによる。乏しい予算を工夫して行われた業務なればこそ、継続業務として優先的に取り組むことが求められよう。

展観を実施するにあたって、最低一〇回分程度の腹案を持っておく必要があろう。図書館内の展示スペースであるから、何周年記念的なものを一回行うのではなく、継続することによって、利用者にも親しんで貰えるし、図書館側としても恒常的業務として組み込むことができる。ただ貴重書展示の形だけではすぐに行き詰まってしまう。そこで一つ一つの資料は極めて貴重ではなくとも、特集として何か利用者に訴えかけるものを優先して計画を立てることとした。具体的には次の五つを根底におくことにした。

一、特集が明確になるようにする。
二、一回の展示を一〇冊～二〇冊以内に絞り込む。
三、展示期間を二か月にして回転を早くする。
四、タイムリーな話題をできるだけ取り入れる。
五、学生や教職員に親しんで貰う内容にする。

もちろん本学にしかない図書、本学の蔵書構成の特色が現れる展観でなければ意味がないことは言をまたない。それに加えて以上の五つの柱を考えたのである。一の特集としては、特定の著者や装丁家、出版社ごとにまとめることとした。取りあえずは松下竜一、町春草《まちしゅんそう》、川端康成、細川書店、旺文社、文学全集などが計画に上った。二と三は裏表の関係にある。展示スペースが小さいから一度に多くの展示はできない。それを逆手にとって、回転を早くして展示資料を入れ替える。大学図書館の常として、毎日か、週に数日は来館する学生が利用者の中核である。その学生がいつ見ても同じ展示であれば飽きられてしまうであろう。四のタイムリーな話題作りには正直苦労した。翌二〇〇四年には小津安二郎生誕一〇〇年となるからこれは特集として温存し、取りあえずは、河出書房新社から著作集が刊行中の松下竜一から始めた。第五番目の学生の興味を重視すると、音楽や映画などのサブカルチャーも必要であるとの考えにいたり、ジェームス・ディーンやビリー・ホリディの没後、生誕の区切りの年が来ることも利用した。ロバート・デ・ニーロ以上のカメレオン役者と言って良いダニエル・デイ＝ルイスが久しぶりにアカデミー賞にノミネートされると、さっそくこの話題に乗り、やや強引だが映画の原作本で特集を組んだ。題して「ダニエル・デイ＝ルイスで読む英米文学」という。このように四苦八苦のやりくりだが、もっとも苦労したのは展観の解説である。

展示書目の選定から解説文の執筆、印刷まで一人で行っていたので、簡潔を旨としてA五判一枚に収まるように、二〇〇〇字程度の解説文であった。慣れて来るに従い次第に長文の解説となったが、これは図書館員が印刷を担当するようになり、当初の一枚刷りの味も素っ気もないものから、ちょっとした図案を入れて洒落た小冊子の形にしてくれたことに励まされたものである。執筆も次第に楽しくなって、途中からは平均四、五〇〇〇字の解説となった。本書第二章に解説の全文を収録したが、やや繁簡宜しきを欠くのは以上のような事情による。

ともあれ、約二〇回の展観を行い、展示資料について学外からの問い合わせがあったり、閲覧申し込みもあったということなので、一定の反応があったと考えて良かろう。

㈢

次に実行したのが、図書館利用者教育の充実である。実行した、というと聞こえはよいが、前項の図書展観が自覚的に取り組んだのに比べると、こちらは必要に迫られてというところが内実である。

公立図書館にいち早く訪れていた外部委託という波が、本学図書館にも押し寄せてきた。二〇〇六年春まで県立大学であった本学は、多くの公立大学と同様に、設置母胎（本学の場合は福岡県）の職員が、出先機関の一つである大学に異動してくる形を取る。図書館においても二〇〇三年三月までは、平均四名の県職員が勤務していたが、〇三年四月からは、県職員二名・外部委託職員二名の体制となり、〇五年四月からは、県職員は学内の他の部署を本務とする職員の兼任が一名、非常勤嘱託が一名、外部委託が三名となった。そのような事情から、全国図書館大会をはじめ、日本図書館協会大学部会、国公私立大学図書館協力委員会シンポジウムなども、館長自身が出掛けることとなった。結果的には筆者にとって大変良い勉強になり、本学の図書館利用者教育の再検討の必要性を痛感することとなった。

従来行われていたのは、新入生のオリエンテーションの一環としての図書館オリエンテーションであり、館長の挨拶を除けば三〇分程度で館内を駆け足で案内するものであった。それなりの効果はあるが、新入生にとっては何もかも目新しく分からないことだらけの時期だけに、あまり記憶に残りにくい憾みはある。そこで先述の各種大会・部会などで報告されている他大学の事績を参考にして、上級生用のオリエンテーションである図書館ツアーと、学生の生の声を聞く学生図書委員懇談会と、O＊PACを中心とする図書情報検索講習会を実施することとした。ただ問題は時間の確保である。本学の場合、講義の時間割がかなり立て込んでおり、これらの行事を設定するゆとりがほとんどない。特に、どの学部・学科の学生も参加できる時間を見つけることは極めて困難である。といって土日に実施するのは学生に酷であろう。結局、主体的な日程の設定ではないのだが、図書館ツアーは新入生合宿研修で上級生の休講日、学生図書委員懇談会は大学祭の後片付けのための半日休講日を利用することとなった。図書館ツアーの方は、館長と職員が分担して、館内の案内や個別の説明を詳しく行った。職員への質問では、司書の資格の取り方などについての質問が出たそうだから（本学では司書教諭の資格しか取れない）、上級生へのオリエンテーションとしての一定の役割を果たしたと言えようか。懇談会の方は、館長が常に同席して、学生の生の声を汲み上げることに努めた。貸出冊数と期間を多く長くという注文は常に出るが、それは返却を待つ時間が増える可能性があると説明するとすぐに理解して貰えた。毎年のようにぶつけられる問いであるが、学生は入れ替わるわけだから、倦むことなく答えてやる必要があろう。意外な収穫は、閲覧机の電灯であった。天井の照明は職員でもすぐに気がつくが、机の蛍光灯は退出時に消して帰るから、図書館でも見落としがあった。本学は閲覧スペースは比較的多い（学生八〇〇人に対して閲覧スペースは約八〇人分）から、蛍光灯が切れていれば別の机に移って利用していたらしい。意外なところで不便を掛けていたわけである。最後の検索講習会は、人員の関係で館長自身が行った。思い返しても冷や汗ものであるが、OPACからWEBCAT、T＊

RCをはじめとする各種の便利なサイトを少しずつ勉強しては講習会に臨んだ。中には筆者より詳しい受講学生もいたのではないか。だとすれば、よく黙って聞いていてくれたものだ。情報はすぐに古びるから、最新のものをチェックする必要があるので、結果的に自分自身の一番良い勉強になった。三省堂書店の詳細検索は、戦前のものも含めて膨大なデータを表示してくれたので、国会図書館のデータと併用していたが、品切れ本のデータはあまり表示しなくなってしまった。逆に横断検索*ができなかった公立図書館が、二〇〇四年一二月から国会図書館の総合目録ネットワークシステム*が一般公開され便利になった。こういった情報は、多くは日本出版協会の会員である知人たちから与えられたもので、これも筆者にとってこの四年間に知り合えた貴重な人脈であった。

(四)

前項の、学生図書委員懇談会で常に出される要望の一つが開館日時の増加である。貸出冊数の問題と違って、開館日数は多いに越したことはない。予算の問題はあるが、大学や図書館の立場からすれば、学生の勉学・教員の研究の便を図るということを優先すべきで、費用対効果などという言葉は使いたくない。ところが現実には、本学の図書館は土日は一切開館していない。九州の大学図書館のデータを集めたが、土日全く開館せずと言うのは少数派であった。せめて土曜日半日だけでも開けられないかと考えたが、予算と人手の問題は簡単に越えることのできない高い壁であった。結局、最も需要の多い試験期間・卒論執筆期間である九月と一二月の二か月だけを試行的に開館することに漕ぎ着けたのは、館長就任三年目二〇〇四年度のことであった。他の改革や実験に比べると遅い達成であり、貧弱な内容であるが、それだけ予算や人間の確保が困難であるという苦い学習をした。

カウンター業務は、最も人件費の負担の少ない形でということで、本学の学生アルバイトが二名で担当する。管理者として館長は館内で待機をし、学生の食事休憩時間の確保のため、昼休みはカウンター業務を交代する、ということで何とか体制を整えた。開館の土曜日には、兼任県職員や教員図書委員も図書館にしばしば足を運んでくれたため、治安・防犯面も問題なく、小さな実験はスタートした。小さな風穴であったが、それでも少しずつ広がりを見せ、〇四年度は閲覧・返却業務のみであったのが、〇五年度途中から貸出業務も可能になった。〇六年度からは、予算も多少上乗せができ、開館時間も二時間延長される予定。後は利用実績を増やして、土曜開館の月数を次第に増やしていって、最終的には恒常的に開館されることが望ましいが、これはやはり多少時間が掛かろう。開館月数が増えれば、大学の管理・責任体制からも、学生アルバイトではなく、職員のシフト制による出勤となろうから、それなりの予算措置・人的措置が必要となってこよう。

〇四年度からの土曜開館の試行、〇二年度からの図書情報検索講習会の案内に効果を発揮したのが、「図書館だより」である。図書館の広報誌としては、年刊の「図書館ニュース」A四判八ページ、があるが、年度末に一回の発行のみでは機動性に乏しい。そこで、図書館ニュースと併用する形で、一種の速報版を企画した。A四判の一枚刷りで「図書館だより」と名付け、隔月発行とした。これには、新着図書、開館時間の変更、検索システムの更新や休止、置き傘の設置など、様々な連絡事項に、適宜軽い話題を加えた。この「図書館だより」を利用して、講習会への参加などを呼びかけたのである。〇五年度中に二〇号を越えた。執筆は職員と館長が適宜交代しながらあたった。筆者が担当した号の記事の一部を、本章第一〇節に抜粋して載せている。連絡事項だけならば、ホームページの新着ニュースの方が速報性は高いだろうが、利用者に親しんで貰うために図書館や読書に関するエッセイも載せているため、紙媒体の形を取っている。

広報活動としては、閲覧室の一角に教員著作コーナーも設置した。上述したごとく本学は小規模大学である。二学部五学科で教職員学生を合わせても九〇〇人に満たないが、学科毎の専門性が高く、学生は他学科の研究・教育内容や、教員の業績についてはほとんど知識を持たない。そこで教員の著作のうち最新のものを中心に、著作コーナーを作って、学生に見て貰おうと考えた。もちろんそのための予算はないので、すべて寄贈である。一般書庫の蔵書を著作コーナーに移すと、やや利用しづらいので、このコーナーには複本を並べるのが望ましいと考えていたが、ほとんどの教員が新たに寄贈に応じてくれた。学生の目に付きやすいようにと、閲覧室の一番入り口に設置したが、思いがけぬ効用もあった。オープンキャンパスに来学した受験生が足を止めてくれるのである。これが志願者の増加に繋がるのならば有り難いことである。もちろんそれは図書館の功績ではなく、研究成果を書物の形にまとめ、寄贈した教員一人一人の力である。

(五)

成功した実験ばかりではない。改善に取り組んだものの失敗した例もある。

その最大のものは、書誌情報・蔵書情報の公開である。本学の所蔵する書籍は約一五万冊、そのほとんどはＯＰＡＣで検索できるが、そのうちＮＡＣＳＩＳ　ＷＥＢＣＡＴ*でも検索できるものは未だ二万冊台に留まっている。国立大学の蔵書でもＮＡＣＳＩＳ－ＣＡＴ*へのデータ入力率は五〇パーセント程度に留まって、遡及入力が遅れていることは既に指摘があるが(1)、これらの多くは稀覯書、別置図書、戦前の書籍、江戸時代までの和書、他言語書籍など、何らかの理由で統一的書誌の作成に困難を来す物が含まれているようだ。本学の場合は、ＮＡＣＳＩＳ－ＣＡＴへのデータ入力率は二〇パーセント以下で、国立大学平均に大きく遅れをとっていること自体問題であるが、さらに未入力の図書の多くが戦後の書籍、それも既にＯＰＡＣの形では書誌が作成・公開されているものであることが特に問題となろう。

国立情報学研究所は、各大学・研究機関の遡及入力を援助する事業の一環として、日本電気製「Ｎ*Ｃ－ＡＵＴＯ　Ｖｅｒｓｉｏｎ２」を使用して、「自動登録システム実証実験」を実施し、成果を「共同報告書」としてまとめている。二〇〇四年度は、東京大学、三重大学、大阪大学、九州大学の各附属図書館、二〇〇五年度は、筑波大学、一橋大学、福山大学の各附属図書館と国立民族学博物館が実験に応じている(2)。本学のように、戦後の人文図書が中心を占める書籍の遡及入力こそ、このシステムを最も有効に活用できると思われる。諸般の事情で〇六年度の応募は適わなかったが、情報学研究所の支援を得て、早急に所蔵書籍のNACSIS－CAT上でのデータ公開が、大学図書館の責務である。今後最優先で取り組むべき課題である。なお、この問題は本章第九節でも再説している。

（書き下ろし）

注

（1）「平成一六年度遡及入力事業の実施について（照会）」（国情研コ第一六三号、二〇〇四年一月一五日付、発信人国立情報学研究所開発・事業部次長名）による。拙稿「NACSIS　WEBCATとWEBCAT　PLUS」（本書第四章）参照。

（2）国立情報学研究所のホームページ参照（http://www.nii.ac.jp/CAT-ILL/contents/ncat_info_catpauto2.html）

二、書誌情報の充実と図書博物館への道

(一)　はじめに

二〇世紀末から、二一世紀にかけて、大学図書館を取り巻く環境も大きく変化を遂げたが、この間、大学図書館やその利用者にとってもたらされた最大の恩恵は、総合目録データベース方式への移行と、

ＷＥＢＣＡＴに代表される横断検索の充実ではないかと思われる。

図書館にとっての恩恵は前者である。総合目録方式の導入によって、個々の大学図書館が個別に目録を作成していた段階に比べて、その労力は大幅に軽減された。利用者にとっての恩恵は後者である。データとしてはまだまだ不足の点は多いが、取りあえず、探求する文献がどこの大学に所蔵されているかを簡単に知る道が開かれた。

実はこの二つの恩恵は、根底の部分で密接に結びついている。仮想存在としての書誌も、現実存在としての書物そのものも、直接的には所蔵されている大学図書館に帰属しているが、間接的にはネットワークによって共有される形になったことである。無形・有形の情報が、共有されることによって、その利用価値と頻度を大きく高めることになろう。無形の情報とは、書誌情報のことであり、有形の情報とは、情報の有機体としての書物そのものである。従って、大学図書館の今後の課題は、共有ということを念頭に置いての、この両形態の充実をはかっていくことになる。

(二)　書誌情報の充実

とりわけ重要なのは、書誌情報の充実と正確化である。

書物は集積型の情報であり、累積されることによって一層の価値を持つものである。大学図書館の例ではないが、都立多摩図書館の一四万冊の除籍に対して、各方面から批判が起こったのは当然であった。書籍の廃棄や除籍については、極めて慎重でなければならないのは言うまでもない。しかしその一方で、累積化によって、必要な情報そのものが見えにくくなる危険性をも常に有している。特に、各大学の図書館では、書籍の増加により閉架書庫・保存書庫へ移行するものがふえ、利用者も学内外からOPACによる検索で書籍を探すことが主流になると、利用できる書誌情報が、書名や著者情報などだけでは不十分である。当該書籍に関するできるだけ詳細かつ正確な内容を書誌情報として付加する必要がある。書誌情報の詳細化は、目録を大学が個別に作成していた段階では不可能であるが、総合分担方式の現在、形式の統一を厳密にすれば、実現可能である。

なお、総合目録方式や横断検索が可能な今日、誤った書誌情報は極めて危険である。特に、大学ごとに作成している、いわゆる書誌ID、RGTNフィールドに記載される、物理単位に対応する登録番号は、横断検索のデータとしては必備である。NII*（国立情報学研究所）の、WEBCAT PLUS*では、このデータを表に出していないために、各大学が所蔵していない書籍までがデータ上存在することになってしまった。(1)

さて、それでは追加すべき書誌情報としてはどういうものがあろうか。詳細であればあるほど有効であり、どのような長文の書誌情報でも、文字列検索の併用によって必要な情報にたどり着くことができるが、書誌を作成する際の統一性を考えると、内容の要約というのは、当面不可能である。本の厚さなども必要な情報であろうが、(2)当面急がれるのは、簡単に実現でき、しかも効力が大きい、書籍の目次の完全情報と、帯の文字情報、装丁の情報などである。

すなわち、現在所蔵している図書、今後収集所蔵する図書の両方に対して、書名・著者名・出版社名・ページ数等々の書誌情報に加えて、目次、奥付、帯の全文の情報、函・カバーの色・形態・意匠の情報、などを新たな項目として付け加えることが重要である。目録規則上は、これらの項目は採録されていないが、目録規則の変更は難しくとも、少なくとも内容注記などの項目での記述か、付加情報として加えていくことが必要である。

目次や帯の情報は、一九八六年以降の書籍に関しては、NIIが提供している、WEBCAT PLUSの中に、「BOOKデータベース」*というものがあり、かなり有効である。ただし、これは紀伊国屋・日外アソシエーツなどが協力して作成したものを、NIIが利用している形であるから、多少の限界がある。現時点での最大の問題点は、目次の全文情報ではない場合が多いことである。元来は商業ベースでの利用のために開発されたものであるから、すべての書籍において、ある程度の統一性が希求されている。端的に言えば、簡単に一覧表示できる程度の分量を大きくは逸脱しない方針である。そのため、帯情報などが入る場合は、目次情報はどうしても一部摘記になりがちである。目次情報が完全に記載され、かつその文字列検索が簡単にできるようになれば、参考文献の第一次的収集が、飛躍的に進歩するのはいうまでもなかろう。

今後は、NIIや国会図書館など公的機関の側から、積極的に民間企業の方に働きかけて、帯・目次情報が完全に収集されたデータベースを早急に構築し、商業ベースでは、逆に、その最も効果的な一部を抽出して利用するというのが望ましいであろう。そのためには、個々の大学の図書館（ブックコンテンツという形で、このシステムのデータをいち早く利用している東京大学では、その利便性と限界性についての議論の蓄積があろうから、是非口火を切ってもらいたいものである）や、日本図書館協会大学部会など様々な場から要望していくことが必要である。本会のような、地区図書館協議会が有効な窓口であろうことは、言をまたない。

帯情報については、本の内容を要約しセールスポイントなども簡潔に記述しているから、その書籍の概要を知るためには至便である。また同時代批評として利用することもできよう。函やカバー同様、現在の図書館では帯は廃棄される運命にあるので、文字情報に転換して是非とも保存しておかねばならない。

次に、奥付と、定価情報の記載について簡単に触れたい。日本の書物が巻末に奥付を有することについては、それが、わが国の古代・中世以来の写本の奥書、近世の板本の刊記などの伝統と関わるものであり、今後は、欧米の書籍のように、巻末から巻頭（題扉の裏）に移る可能性もあることについては、布川角左衛門の要を得たまとめがある。(3)布川は更に、価格が「カバーのような付属物でなく、本体の一部である奥付に明記されていることは」「記録性をもつよさ」があるとも述べている。今日では、布川の発言の段階に比べると、カバーや函にのみ定価が記される状況が進んでしまっているが、それだけに定価の記録を書誌情報として残すことが、一層重要になってこよう。逆に、定価情報が重要な書誌情報の一部であるということを図書館の側から発信し続けることによって、定価を奥付に記載する形への再変更を、出版社に働きかけることにもなる。日本出版学会などとも連携できるだろう。

(三)　図書博物館への道

次に、函やカバーの情報について述べたい。図書館では、基本的に函やカバーをはずした形で図書を受け入れ、配架するが、図書によっては、その函やカバーの装丁に大きな意味があるものが少なくない。本年、二〇〇三年が生誕一〇〇年にあたるので各方面で話題を呼んでいるのが、日本映画界の巨匠小津安二郎であるが、小津関連の書物の中でも評価の高い、高橋治『絢爛たる影絵』の文藝春秋版（一九八二年初版。ほかに、文春文庫版、再刊された講談社版がある）は、東京物語の台本とそれをアレンジした意匠が、カバー、帯、本体見返しと、見事に調和した美しさを醸し出している（第八回福岡女子大学附属図書館所蔵資料展「小津安二郎をめぐって(1)」解説、本書第二章八）。これをカバーや帯をはずしてしまうとその造本の美しさは半減してしまう。またノーベル文学賞受賞作家でもある川端康成が生前に刊行した全集や選集は、装丁にも意匠を凝らし、一九五〇年代の一〇冊本の選集や、六〇年代の一九冊本の全集は、書家の町春草や松井如流《まついじょりゅう》の流麗な筆跡で、川端の作品名が函やカバーに記された美しいものであるのだが、函もカバーも放擲《ほうてき》する現在の図書館では、その美を所蔵することはできないのである。美しさという抽象的な言葉でわかりにくければ、さらに明確な例を出そう。

一九六〇年から六四年にかけて、新潮社から『世界文学全集』全五〇冊が刊行されているが、これは黄色の堅牢な函入り、黄土色のソフトカバーの表紙である。ところが六七年に緑色の薄手の紙函入りの、緑色のハードカバーの表紙の異装版が刊行されている。現物を二つ並べると相違は一目瞭然であるが、函やカバーの色や材質の記載のない現在の書誌情報では両者の違いが全く出てこない。この新潮社のシリーズは、さらに内容も改編して四〇冊や四五冊版が刊行されるが、この分野での基本文献である、日外アソシエーツの世界文学全集綜覧の類では言及されない。NDL―OPAC*でも検索されない。これらの異装版や改編版は、まず函などの装丁がはっきり異なるから、これらを書誌情報として加えるようになると、見落とされることがなくなるであろう（第六回福岡女子大学附属図書館所蔵資料展「新潮社の世界文学全集に見る出版文化史」解説、本書第二章六）。

もちろん、最終的には、装丁内容を文字情報化する段階に留めず、函やカバーをも含めてそっくりそのまま保存する形こそが望ましい。しかし、保存・保管にかかる労力と、函の厚みによるスペースの増加を考えれば、今日の大学図書館にそれを望むのは無理であるし、すべての大学がそうする必要はない。そこで、ある程度の広さの地域で、コンソーシアムを形成して、保存を中心とする図書館を共同で運営するという方式が、代案として考えられる。

保存を主たる目的として、共同運営される図書館は、むしろ図書博物館と言った方が実体に近いだろう。田中薫宮崎公立大学附属図書館長が、かつて『本と装幀』（沖積社、二〇〇〇年）で提案した〈装幀専門図書館〉に近いものになる。コンソーシアムに参加している各大学図書館が購入・蒐集した書籍のうち、一冊だけは、函やカバーも付けたまま、その図書博物館で保管するのである。予算や運営にかかる労力などの負担は分担し、保存・管理を一か所に集中させ、そこから現物の情報を、図像なども含めて配信するという形をとる。保存という立場を重視する以上、現物の相互貸借には基本的になじまないであろうから、図像配信の形を取ることになろう。先述したWEBCAT PLUSの「「BOOK」データベース」や、東京大学のブックコンテンツでは書影は見ることができないが、データ作成に関わった紀伊国屋のサイトでは、表紙の写真が添付されており、画像を拡大表示すればかなり鮮明なものを目にすることができる。取りあえずはこの方式がヒントになろう。今日我々は、NIIを利用しなくとも、書店のサイトに接続することによって、書影を見る恩恵に浴しているが、これらの図像データも、決して半永久的に参照できるものではない。当該書が品切れになれば、当然書店のサイトからは削除されていくであろう。営利追求という命題を課せられている民間企業としては当然のことであって、それを要求することは無理であろう。従って、公的機関や大学図書館の側からの働きかけと、何よりも応分の負担を伴う協力が必要なことは言うまでもない。

(四) おわりに

国立大学の法人化が決定し、公立大学も同様の動きがあり、少なくとも予算執行上の制約は、従前より緩和され、柔軟な対応が可能なのではないか。また、現在大学に求められている自己改革は、それぞれの大学内での改革にとどまらず、複数の大学が連帯・連合することによって、日本の大学総体としての底上げと、高等教育の一層の充実こそが求められているはずである。

図書館という組織は、大学内の各学部や部局とほぼ等距離にあり、一定の中立性を保つことができるから、大学の枠を越えて共同作業を行うことについても、個々の大学内の理解を得られやすいのではないか。最初に述べたように、総合目録方式と横断検索によって、現実には図書館のネットワークは既に張り巡らされているのである。これを一層有効に活用できるようにすることが、大学図書館の使命であり、ひいては大学再生へもつながるのではないかと思われる。

（『九州地区大学図書館協議会誌』第四六号、二〇〇四年二月）

注

（1）田坂「NACSIS WEBCATとWEBCAT PLUS」『文芸と思想』六八号、二〇〇四年二月、本書第四章。

（2）吉田昭「本の厚さ」『図書館雑誌』二〇〇二年六月号。

（3）布川角左衛門『本の周辺』日本エディタースクール出版部、一九七九年、など。

三、川端康成全集のこと

東京都近代文学博物館の二〇〇〇年度下期の常設展示は、「二〇世紀東京の文学―一九四五年から」であった。二〇世紀最後の年の企画に相応しく、戦後の東京と様々な形で関わりのある文学作品が展示されていた。中でも、川端康成『東京の人』や、源氏鶏太『東京丸の内』の初版本は、昭和三〇年代に小学生時代を送った筆者にとって、三浦洸一の歌声やNHKの主題歌が聞こえてくるようで、懐かしいものであった。それ以上に興味を覚えたのは、展示されているすべての本が、出版当時のカバーや帯が付されたままで保存されていることであった。『東京の人』は、全四冊の表紙に、椿、柿、菖蒲、菊などをあしらった金島桂華の装丁が美しく、後年必ずしも川端自身によって愛情が注がれたとは言いがたいこの作品が、当時のままの姿を留めていることに感激した。

博物館と図書館ではやや事情が異なるであろうが、図書館で本を排架する場合には、函入りの場合は函を、カバーや帯が付随している場合はそれらをはずすのが原則である。収納冊数や保存、ラベルを貼る都合上、止むを得ない措置であるといえよう。しかし、作品や作者によっては、造本と作品が融合して一つの世界を作り上げる場合がある。古典籍や明治時代の文献などは、そういった点に留意して保存されているものが多いが、昭和の文献でも場合によってはそのような考え方もあり得るのではないか。昭和最後の大ベストセラーと言って良い、村上春樹の『ノルウェイの森』は、あの赤と緑の鮮やかなカバーと共に記憶に残るものだ。ここでは、そのような代表として、川端康成の本を取り上げてみよう。

川端本と言っても、優品としての誉れの高い江川書房版の『伊豆の踊子』や、東山魁夷の肉筆の光悦垣が表紙を飾る牧羊社版の『古都』などの、稀覯本や限定本ではない。これらは然るべき個人・団体のもとで全き形で保存されているであろう。ここで述べるのは、比較的大量に出版され、一般への普及度も高く、図書館でも所蔵されることの多い、普及版の全集の形を取ったものである。

川端康成の全集としては、没後、昭和五〇年代に出版された新潮社の全三七巻の全集が、最も多くの作品を網羅しており、一九九九年にも復刊されて、需要の多いものでもある。ただし、川端自身の意向が反映したと思われる生前の全集や選集では、作品を精選する傾向があり、装丁にも意を用いたものであった。昭和一〇年代に刊行された改造社版の選集は、林芙美子の装丁ということでも著名であるが、現在ではあまり市場に出ることはない。戦後一貫して川端の全集を手掛けたのは新潮社で、昭和二〇年代に一六巻本の全集、三〇年代に一〇巻本の選集と、一二巻本の全集、四〇年代に一九巻本の全集を刊行している。このうち一二巻本の大ぶりの全集はやや平凡な装丁だが、他の全集や選集はいずれも趣向の凝らされたものである。

まず、一六巻本の全集であるが、巻毎に安田靫彦《ゆきひこ》の美しい装画が表紙を飾る。またこの全集には濃紺の揉紙のカバーが掛けられており、これも紺地に金文字の「川端康成全集」の文字とのバランスも絶妙で、二重の味わいがある。「林芙美子さんの手紙」という随想が収録された最終巻は、逝去した林芙美子の替わりに、夫の緑敏氏に献呈されたものが今日伝わっている。

一〇巻本の選集は、新潮社の全集・選集の中では、最も小振りで瀟洒なものである。装丁は書家の町春草があたり、様々な書体で川端の収録作品名が記されている。同一の書名でも函と表紙と背では異なる書体を用いるなどの工夫がある。黒地に白文字を浮き上がらせた「雪国」、墨流しも鮮やかな「みづうみ」、大胆な構図の「千羽鶴」など、函の意匠と作品世界の関連も面白い。

一九巻の全集は、表紙も函も全巻同一のものであるが、函に掛けられたカバーに、松井如流の流麗な書体で、その巻の代表的な収録作品が記されている。一冊のカバーの中でも、作品名によって書体を変え、濃淡・肥瘦の変化も持たせており、これだけで単独の芸術作品の趣さえある。

そこで、本学の図書館でも、上記昭和三〇年代の川端康成選集と、昭和四〇年代の川端康成全集は、無理を言って、函やカバーを付けたままの形で、登録、排架をお願いした。町春草や松井如流の装丁なども含めて、総合芸術としての川端の世界を、実際に手にとって味わっていただきたい。

（『図書館ニュース』第九号、二〇〇一年三月）

四、幻の川端康成全集、幻の博物館

『図書館ニュース』九号に、川端本についての小文を掲載後、その内容に深く関わることで、今日の我々を取り巻いている状況を象徴するようなことが二件あった。共に今後の図書館行政や業務と密接な関連を持つことであるので、ご報告しておきたい。

第一点は、インターネットによる情報の拡大・拡散は我々の予想をはるかに超えており、思わぬ陥穽に注意する必要があるということである。

前号の内容に関連して、何人かの知人から貴重な情報を教えられた。NACSIS WEBCATで探すと、まだ他に川端の全集が刊行されたらしいというのである。半信半疑で検索すると、一九五九年から七〇年にかけて、一四巻の全集があるとのデータに遭遇した。勿論、この時期このような巻数の川端康成全集は出版されたことはない。これは五九〜六一年に出た一二巻の全集と、六九年から七四年にかけての一九巻の全集のうちの一三、一四巻（この二冊が一九七〇年刊）が一セットと誤認されたものであろう。六九年からの一九巻の全集は、一〇年前の一二巻の全集の天地を少し縮め、装丁を改めたものが骨格であり、一二巻までは収録作品もページ数もほとんど同じであるから、既に旧版の全集を購入している大学では、補遺として新しい全集の一三巻や一四巻だけを追加したのであろう。一四巻の全集を保有するとされる三九大学のうち、三大学のみが一三、一四巻までを持ち、大部分の大学は一二巻までしか所有していないという奇妙な現象も、そのことを裏付けるようだ。本来一二巻の全集であったのだ。一方、数巻を追加した大学が、それらを一連のものとして排架しても、旧版の全集（一二巻まで）と新版のそれとは、大きさも装丁も異なるから、取り合わせ本ということは一目瞭然であり、何の混乱も引き起こさない。図書館内のカードや検索端末で一時的に誤解をしても、すぐに現物で確認できる。ところが、これがインターネット上の情報となるとそうはいかない。ネット上では、出版されたことのない、幻の一四巻本の川端康成全集として存在してしまうのである。確認しようとして、本文自体をコピーやダウンロードすることができても、ほとんど問題の解決にはならない。判型や装丁はそれではつかめないからだ。結局、所蔵の図書館まで足を運んで現物を確認するという方法でしか解決できないであろう。情報化社会においては、正しい情報も誤った情報も、共に拡大再生産される条件は同じであるということを、肝に銘じておかねばならない。

第二点は、未曾有の平成不況は、文化施設にまで深刻な影響を与えているという点である。『ニュース』九号で取り上げ、近代日本文学の資料保存の典型を示すと述べた東京都近代文学博物館が閉鎖されるという。かつて川端康成らの尽力で発足した博物館が、同じく作家の石原慎太郎都知事の許で閉鎖とは、何とも皮肉なことではないか。正式には、二月の都議会の議決を経てということで、現時点（二〇〇二年一月）では公式決定ではないが、既に読売新聞一一月八日夕刊都民版や、『日本古書通信』二〇〇一年一二月号トピックスで報じられているほか、一部の関連WEBサイトでも流れている。それらの記事や、電話で取材した担当部署の方のお話では、貴重な資料は江戸東京博物館に移管されるそうだ。しかし、既存の博物館に合流するのであるから、当然所蔵数量にも限界があるはずである。第一級のものはよしとしても、それに準ずるものがこれまで同様保存されるかどうか。たとえば、昭和一〇年代の改造社版の川端康成選集でも、芹沢銈介の装丁で川端の署名入りの特装本はどこの図書館・博物館でも貴重書扱いであろうが、九号でも触れた林芙美子装丁の普及版の方は、そうはならないであろう。しかし、こちらもまた保存状態の良いものは極めて少ないのが現状である。それらも含めてきちんと保存する博物館・図書館の灯火を消してはならない。幻としてはならない。

WEB上の情報は大量のものを圧縮して保存できるし、むしろ意図しない形で増殖・拡散さえする。しかし生の資料は、確実に一つ一つ消えていくのだ。我々は、はるか後代になって、かつて存在していた文献資料を、逸文や『芸文志』『経籍志』に引用される形でしか知ることができないという苦い経験を無数に重ねてきた。応仁の乱で貴重な典籍のかなりの部分が滅びてしまったと言われるが、平成不況が図書資料・文献資料の散逸に拍車を掛けたと言わせてはならない。歴史に学び、知恵を絞って、何とか後世の人々に引き継ぎたいものである。

（『図書館ニュース』第一〇号、二〇〇二年三月）

五、福岡女子大学図書館所蔵資料展について

図書館は、二〇〇二年度から三つの新しい試みを行っている。それは以下の三点である。

一、「図書館だより」の発行

二、書籍・情報検索講習会の実施

三、図書館所蔵資料展の定期化

一は、図書館を利用者にとってもっと身近なものに感じて貰うためのもので、いわば広報活動の強化である。二は、WEBCATやOPACなどの、WEB情報を駆使して効果的な書籍や情報の検索を身につけて貰うためのもので、いわば図書館教育活動の強化である。三は、図書館所蔵の資料を、テーマを設けて展示することによって、様々な書物の世界に目を開いて貰うためのもので、いわば啓蒙活動の強化である。自己変革をめざしている大学の一部局としての図書館の、自己改革の一環というと大げさになるが、要するに図書や図書館の有効利用のために、図書館がまず出来ることは何か、ということを考慮した結果である。一と二については改めて述べることとして、ここでは三に絞って述べてみたい。

図書館所蔵資料展は、これまでも図書館の優品などを中心に行われてきたが、期間などもかなり長

期間にわたっており、展示品の件数に限度があった。そこで、新しい試みとして、一回の展示期間を二か月にして、展示品の入れ替えを頻繁に行って、出来るだけ様々な書物を展示することとした。学部や学科や読書範囲によって、興味のある分野の本も異なることに対応しようとしたのである。展示に際しては、特集形式を取り、毎回一つのテーマで展示資料を選択した。これまでの特集は以下の通りである。

（一）『豆腐屋の四季』と松下竜一署名本（二〇〇二年七月～八月）

地域重視ということで、近在の、大分県中津市在住の松下竜一の書物の展示を行った。松下の第一作でもあり、ベスト・セラーともなった『豆腐屋の四季』の私家版、単行本、文庫本、著作集本と各種を並べてみた。本学所蔵の文庫本は署名本でもあるから、松下の他の著作の中から署名入り本を七冊ほど、併せて展示した。私家版は、もともと発行部数も少ない稀覯本であるが、本館所蔵本は、単行本刊行の準備のために作者自身の訂正書き入れがある、貴重な資料である。

（二）町春草の著書とその装丁本（〇二年九月～一〇月）

昭和後期を代表する女流書家の町春草の著書と、町が装丁した小説類を展示した。町の書物は、題字や装丁も含めて、一種の美術品であり、たとえ普及版であっても、本の美しさというものを実感できるものである。町の装丁本の代表としては『川端康成選集』全一〇冊が最も有名であるが、ほかに里見弴、舟橋聖一、有吉佐和子らの作品を展示した。里見の『秋日和』は、小津映画の原作で、展示品は里見の実兄有島生馬への献呈本でもある。

(三) 翻訳本の世界(1)―日本から―(〇二年一一月~一二月)

異文化への入り口として、翻訳ということを考えてみた。日本語の作品の外国語への翻訳と、外国語の作品の日本語への翻訳との両者があるが、今回は前者、次回は後者の展示を行う。特集としては、翻訳の多い川端康成の著書でまとめてみた。『雪国』『千羽鶴』『名人』『山の音』『古都』などの英訳本を展示中である。英文学科の人・国文学科の人はそれぞれ違った立場から見られるのではないか。展示に際しては毎回、A四判一枚程度の、簡単な解説書を作成している。参考にしていただければ幸いである。

(『図書館ニュース』第一一号、二〇〇三年二月)

六、図書館の今日と明日

今日、全国の大学で様々な改革の試みがなされているが、大学の頭脳であり、心臓部でもある図書館においても、その機能を強化すべく多くの試みがなされている。本学図書館においても、大学図書館としてのあるべき姿を希求し、いくつかの改革を行ってきた。実現できたもの、計画途上のもの、今後に残された課題と様々であるが、この二年間の改革の過程を振り返るとともに、併せて今後の方向性を考えてみたい。「図書館の今日と明日」と題した所以である。

今日、大学図書館においてもっとも重視されているものの一つが、図書館リテラシー教育である。

図書館に蓄積された文献や情報を十二分に活用するために、また多機能化する図書館の情報処理能力に対応するために、様々な工夫が全国の大学で行われており、日本図書館協会の全国図書館大会や大学図書館研究集会で報告が相次いでいる。本学図書館においても、この分野の重要性に鑑み、二年計画を立てて、図書館教育の体系化を行うこととした。同時に、利用者側の学生の声をも吸収することに努めた。具体的には以下の通りである。なお、本学のカリキュラムは、講義や演習・実験がかなり過密状態にあるので、通常の授業と抵触しないことに意を用いた。

まず、二〇〇二年八月から、図書情報検索講習会を実施した。これは隔月の実施で参加自由、一回の定員は一〇名程度。〇三年一月までに九回実施、のべ参加人員約五〇名。図書館ホールの検索端末を使用して、他大学、公立図書館などの蔵書情報に加えて、新刊図書情報、古書情報の入手、各種図書情報の横断検索の基本的な使い方に慣れるようにした。NIIのデータの充実や、ブックコンテンツ・ブックポータル*などと呼ばれる情報の量的拡大などもあり、学外の図書情報をいち早く正確に入手することが、学生にとってますます重要になってくる。〇二年度からは、奇数月の上旬に日時を固定した。

次に、二〇〇三年度から、学生図書委員懇談会を実施した。これは三年生の図書委員との意見交換会である。三年生を対象にしたのは、図書館利用の経験も多く、卒業論文や卒業実験を前に、図書館に対する高度な要望を聞くためである。特に講義が過密な学年であるから、大学祭翌日午前中の休講時間帯に設定した。二〇〇三年度は全学科から参加があり、図書の購入や配列、館内設備、学生の利用態度などに重要な指摘があった。可能な限り直ちに対応し、また図書館の実状についての説明を行った。参加した学生図書委員から、図書館の実状・高度な利用方法が各学科に還元されることにもなろう。

次に、二〇〇四年度から実施することで、図書館運営委員会、評議会で議論・承認されたのが、図書館ツアーである。これは二年生以上を対象とした、中・上級的なオリエンテーションを行うものである。実施日時は、新入生合宿研修第一日目（二年生以上休講日）で、二〇〇四年度は四月二四日（木）である。参加は自由参加、事前に申し込みの形を取る。図書館の各種設備、図書の構成などについて時間をかけてじっくり説明し、最後に意見交換の時間も確保する。当面は館長・事務長を中心に対応する。

以上を組み合わせることによって、一年生・図書館オリエンテーション、二年生以上・図書館ツアー、三年生・図書委員懇談会と、各学年に図書館教育・意見交換の場を設定し、更に学年を問わず、図書情報の入手に特化した講習会を適宜行うことで、最低限の図書館教育のシステムを確立することができた。〇四年度以降は、オリエンテーション・ツアー・懇談会・講習会の個々の分野の一層の充実をはかる。

これ以外の新たな試みについて、まとめて述べておく。二〇〇二年八月から、隔月で「図書館だより」の発行を始めた。本誌「図書館ニュース」は年一回であるので、速報性を重視し、利用者にいち早く図書館の情報を知らせるためである。新着図書、置き傘の案内から検索システム変更まで、様々な連絡を行っている。現在は紙媒体であるが、将来は電子媒体に移行する可能性もあろう。同じく隔月で、本学図書館所蔵資料展を行っている。二か月ごとにテーマを決めて、展示資料を入れ替えている。最近では、生誕一〇〇年に合わせて小津安二郎の特集を実施した。次に、二〇〇三年度のオープン・キャンパスに合わせて、教員著作物コーナーを設置した。在学生・受験生・県民に本学教員の仕事を知って貰うためである。先生方から多くの著書の寄贈を得て、好評裡にスタートした。本学卒業生には作家も多いから、将来的には卒業生著作コーナーという試みなども面白いであろう。

最後に、図書相互貸借システムのことにふれておく。二〇〇二年度に図書館運営委員会を中心に実施計画を議論し、二〇〇三年度から大学図書館間の図書貸借が実現の運びとなった。同時に県立図書館とも相互貸借の協定書を締結し、こちらとも相互利用の道を開いた。相互貸借は、本来所蔵している機関においてその間資料が使用できなくなり、輸送時の図書の傷みの問題など課題も多い。幸い福岡県佐賀県図書館協議会では、相互利用・図書閲覧の手続きの簡略化に努めてきたので、相互利用と相互貸借とを組み合わせることによって、限られた資料の有効利用に努めていきたい。

もちろん、図書館の最大の課題は、所蔵資料の充実に努めることであることは言うまでもない。図書館資料は蓄積されることによって、数倍にも、数十倍にも有効に働くようになる。ただ内外の経済状況などを見ると、購入予算の飛躍的な増加はしばらくは望めない。そこで、これまで以上に図書選定・蔵書形成に工夫が必要となろう。今日では相互利用システムや横断検索が充実してきたから、本学の図書館らしい特徴的な蔵書構成を行っていけば、学内・学外を問わず、研究と教育に寄与していくことができよう。

その意味で、今後の大学図書館を考えていく上で重要な要素は、相互協力体制である。実は、大学図書館の書誌作成作業は、いち早く総合目録方式に移行している。いわば全国の大学で協力して書誌や目録を作成しているようなものである。蔵書においても横断検索によって、全国的な所蔵状況が簡単に把握できるようになった。従って、学内の教員や学生のために有益な蔵書構成であるとともに、全国的に見ても、地域的に見てもまた有益なものであることが望ましい。本学は小規模大学であるからあらゆる書物を揃えることは不可能である。しかし、この分野の本ならば福岡女子大学の図書館にあるという蔵書構成が望ましい。たとえば日本文学や英米文学の蔵書の蓄積は比較的充実したものがあるから、高等学校の国語科や英語科の教員が利用しやすい形を取れば、大学内の図書が高校の現場でも活用されることになる。地域貢献という視点からもこのような発想が必要であろう。本学所属の教員や学生が、相互利用で恩恵を蒙ると同時に、本学の資料が大学外で活用されるようになって、初めて真の相互協力体制が確立されたことになる。それが明日の大学図書館の姿であろう。

（『図書館ニュース』一二号、二〇〇四年二月）

七、装丁情報の目録化に向けて

全国図書館大会九〇回大会は、二〇〇四年一〇月に香川県高松市を会場として行われた。この大会は、今日の図書館を取り巻く状況や、各種図書館の抱える様々な問題が議論される重要な場所であるが、分科会が充実していることも特筆すべき点である。一昨年、昨年と、大学図書館分科会に参加した筆者は、本年は第一三分科会（図書館と出版流通）に出席した。この部会は、出版社と図書館と、いわば図書を作り出す側と図書を保存・活用する側が一堂に会して相互理解を深める貴重な場でもある。今回も、みすず書房・筑摩書房を始めとする、書籍の送り手の側の方々の意見は、図書館人にとっては得難い貴重なものであった。多くの有益な意見交換がなされたが、その一つに本の装丁と保管方法を巡る議論があった。そもそも書籍は、内容のみならず、身に纏う装丁・造本・判型・用紙・活字と一体となって存在するものである。漱石本と橋口五葉の装丁は切り離せるわけではなく、野田書房本や細川書店本が今日でも根強い人気を持っていることからも、そのことは容易に想像できよう。ところが、多くの図書館では装丁の重要な要素である函やカバーを廃棄して排架することになっている。これについて、出版社の側からの違和感の表明は当然であったが、図書館人の側からも様々な工夫が語られ、揃い物のうち一冊だけは函のまま保存することや、はずした函やカバーで装丁の展示を試みていることなどが紹介された。本をどのような形で保存するべきかということは、繰り返し議論されてきたもので、最近では、朝日新聞二〇〇四年一二月一八日の「疑問解決モンジロー」「本のカバーはなんのため」でも取り上げられている。

この問題は、あらゆる図書館に共通するものであるが、書籍・資料の保存という部分の比重の大きい大学図書館では、特に考えなければならぬ問題であろう。さればこそ、『本と装幀』の著述もある田中薫宮崎公立大学附属図書館長は、装丁専門図書館の提案をされたのであった。筆者もこれに共感して、大学連合が共同運営する図書博物館の構想を述べたことがある（本書第一章二）。ただこれらは一朝一夕に実現するものではないから、実現可能なこととして、次の事柄を提案したい。それは、装丁内容をできるだけ文字情報に置き換えることである。装丁者の名前はもちろん、判型・材質・色調・デザインをできるだけ統一した表現で、書誌情報とするのである。今日、書誌の作成は分担方式になっているから、しかるべき機関か協会が雛型を造れば、それを応用して全国の図書館が、自館所蔵資料の装丁に関する書誌情報を上書きすることは困難ではない。もちろんその一方で、装丁が貴重と思われるものは、新刊書の時点から、できるだけカバーや函を装備したまま受け入れ、保管することが必要である。「装丁は、時代の空気を伝える貴重な資料」（前出朝日記事）であれば、それをも含めて保存することも、図書館の使命の一つであろう。

本学でも文学書を中心に、装丁の比重の大きい資料は、原型を損なわないような保存に意を用いてきたが、最近のものから、二点だけ紹介しておこう。それは、大貫伸樹『装丁探索』と田中栞『古本屋の女房』（共に平凡社）である。前者は、先述の朝日新聞記事でも言及されている。書物・書籍に関する本として、ここ一、二年の話題を独占した二冊であるが、装丁も含めて、これらの著書が語りかけようとしている点に特色がある。三階書架に排架してあるので、是非手にとってそれらを実感していただきたい。

（『図書館ニュース』一三号、二〇〇五年二月）

八、人間国宝澤村田之助丈来学

去る六月一五日歌舞伎俳優で重要無形文化財保持者（人間国宝）の六代目澤村田之助丈（屋号紀伊国屋）が本学を来訪された。同月博多座の一一代目市川海老蔵襲名興行に、同じく人間国宝の中村雀右衛門、尾上菊五郎丈らと共に来福中のところ、本学図書館の第一八回所蔵資料展の「三代目澤村田之助の世界」の見学のために来学されたものである。

三代目澤村田之助は、現六代目の曾祖父（三代目の娘が六代目の祖母にあたる）で、その美貌と卓越した演技で、幕末期に圧倒的な人気を誇った。若くして難病に冒され四肢を切断しつつも舞台に執着を見せた伝説の女形である。そのため、三代目を描いた文学作品は数多く、また映画・舞台・ラジオドラマなどでも上演されている。今回の所蔵資料展は、本学図書館の蔵書から、岡本起泉、邦枝完二、矢田挿雲、舟橋聖一の本格評伝から、菊池寛、西光萬吉、高橋辰男の戯曲、独自の色彩を強く打ち出した杉本苑子、山本昌代、南条範夫、皆川博子の諸作品、さらには鮎川哲也賞の北森鴻のミステリまで、多様な作品を選び出したものである。

芸術選奨文部大臣賞、紫綬褒章、日本芸術院賞などの受賞・受章歴を誇る大物俳優の来学だけに、関係者一同緊張して出迎えたが、穏やかな人柄と共に、図書館や大学の風景に自然に馴染んで見えたのは、名優として舞台で活躍するだけではなく、国立劇場の主任講師として長年若手の指導に当たっているという側面にもよろう。読書家で、古書蒐集家としても知られる六代目は、早速展示資料を熱心に見学されていた。さすがにほとんどの資料についてご存じで、矢田挿雲『澤村田之助』の北光書房版を手にとって、装丁の鳥居清言は、今歌舞伎座で絵看板を書いている鳥居九代目清光さんの父君に当たられるとか、『風変わりな人々』の著者丸木佐土こと秦豊吉をめぐっての様々な逸話などを終戦後の風景を織り交ぜて生き生きと再現してお話し下さったりした。六代目のもう一つの顔は横綱審議委員であり、稽古総見のニュースでお姿を拝見したり、大相撲中継のゲストとして豊富な知識と巧みな話術に接した人も多いであろう。映画にもなったベストセラー『田之助紅』の著者舟橋聖一は横審の第二代委員長という因縁もある。予定時間を大幅に超えて資料展を見学していただいた後、学長室にて学長と懇談、演劇談義に大いに花が咲いた。

圧倒されたのは役者さんの大変な活力・行動力ともいうべきもので、六代目は五月末の金曜日に歌舞伎座での勘三郎襲名興行の千秋楽の後、日曜日にはもう博多川で船乗り込みの船上の人となっていたのだから驚く。今回の博多座では、昼は「源氏物語」の弘徽殿の女御（これは現海老蔵が新之助時代に光の君を演じて以来の持ち役、ちなみに六代目は由次郎時代に命婦の君役で先々代の海老蔵と共演）、夜は口上に「助六」の曾我満江（助六の母、これは圧倒的な存在感で最近の当たり役の一つ）で観客を魅了した。当日も、昼の部と夜の部の間の休憩時間を利用しての強行スケジュールであったが、終始穏やかな中にも熱心に資料を披閲され、梅雨の中休みの爽やかな風と共に大学を後にされた。

（『福岡女子大学広報』六七号、二〇〇五年九月）

九、本学の蔵書情報の改善に向けて

大学図書館で書籍を探すとき、まず所属大学や心当たりの大学のOPACなどを検索する。それでも目的の書籍が見あたらないときは、一一三一（二〇〇五年一一月末現在）の大学・研究機関等が参加している国立情報学研究所（NII）のNACSIS　WEBCATで横断検索をする、というのが最も一般的な方法である。現在八千万件以上（〇五年一一月二日、NACSIS―CATニュース）のデータが集積されているWEBCATのシステムはかなり有効で、古写本や稀覯本を除くと全国の学術書・一般図書・逐次刊行物などの所蔵情報を簡単に入手できる。研究者や学生は、各大学の個別のOPACと横断検索用のWEBCATを適宜使い分けて書物に関する情報を得る。この二つの目録は連動していて、NACSIS―CATに接続している大学では、新たに図書を受入れて書誌を作成するとき、NIIにアクセスして、同一の書籍の他の研究機関の登録の有無を確認し、存在する場合はその書誌情報を利用して、それに大学独自の請求記号や書誌IDなどを追加して、最終的にはNIIの総合目録データベースに登録する。これを総合目録ネットワークシステムのオンライン共同分担入力方式といって、各大学が個別に書誌を作成する手間を省き、同時に同一書籍の全国の所蔵情報が作成されるという大きなメリットがある。

本学附属図書館がこのシステムに参加したのは一九九三年三月一八日であるから、すでに一三年近くが経過している。ところが本学の約一五万冊の蔵書のうち、横断検索が可能なものは二万冊台に留まっている。横断検索は、大学間の図書の相互貸借や複写依頼の際の基本データとして利用されている。したがって、本学図書館の蔵書の二割以下しか検索できないのは、相互利用の恩恵は蒙るが、貢献度は著しく劣るということにもなりかねないので、早急な改善が必要である。

一例を挙げれば、本学には『ホイットマンと十九世紀アメリカ』の編者でこの分野の第一人者の吉崎邦子教授がおられ、ホイットマン関連の図書は比較的備わっている。ところが亀井俊介編『異質文化の衝撃と波動』南雲堂、酒本雅之『アメリカ・ルネッサンス序説』研究社、杉木喬『ホイットマン』研究社、岩山太次郎編『金メッキ時代とアメリカ文学』山口書店、など多くの書物は、本学に所蔵されているにもかかわらず、WEBCAT上では本学の所蔵は確認できないのである。一九九三年以前に本学に登録されたものは、遡及入力が滞っていると言うことはあるかもしれない。しかしここ数年の間に本学の所蔵に帰した書籍でも、OPACは検索できるが、WEBCATで横断検索ができないものもある。

たとえば、〇四年六月に亡くなった松下竜一の『豆腐屋の四季』の私家版が本学に所蔵されている。タイプ印刷でごく少部数刊行されたが、講談社が同書に注目し造本や装丁を改めて出版するとたちまちベストセラーになり、緒方拳主演でドラマ化され、以降の松下氏の旺盛な文筆活動へと繋がっていく。私家版『豆腐屋の四季』はその原点とも言うべきもので、郷土の中津市立図書館、大分県立図書館に所蔵されているが、大学図書館での所蔵は確認できない。しかも本学所蔵本は、作者自身の訂正が朱で書入れられた貴重なものである。

また河出書房が六六年から刊行したカレッジ版『世界名作全集』というシリーズは、口絵に映画のスチールなどを使い、しゃれた装丁で若者に人気があった。全二四冊であるが、なぜか国立国会図書館では第二四巻ヘミングウェイ『誰がために鐘は鳴る』が現存せず、この分野の基本文献である日外アソシエーツ刊『世界文学全集・内容綜覧』でも全二三巻と表示されている。当時よく読まれたシリーズであるが、約四〇年後の現在では、図書館の所蔵は予想外に少ない。地元の例をあげれば、福岡県立図書館では全二四冊のうち一一冊所蔵、福岡市総合図書館でも三冊のみ所蔵、福岡県内の図書館を横断検索しても他に所蔵はない。WEBCATでは東京大学駒場図書館、明星大学日野図書館などに数冊のデータがあるだけであるから、これも全国の利用者に提供したいものである。

一二万冊という分量や予算の問題もあるが、大学の保有する知的財産の情報公開という立場からも、早急に対策を考えなければならない。

（『図書館ニュース』一四号、二〇〇六年二月）

一〇、「図書館だより」など

ー 図書館だよりの発行

昨年度、図書館のカウンター横に、図書・書籍検索のための端末が、新たに五台設置されました。これらを有効に活用して、図書や書籍に関する情報を、的確かつ迅速に入手するための講習会を行います。

皆さんはこれまでに、次のようなことを知りたいと思ったことはありませんか。本学の図書館の蔵書が利用中のため、県立図書館や市立図書館を利用したいのだが、同じ本が所蔵されているか。夏休み、春休みで帰省するのだが、実家の近くの大学にも必要な本が所蔵されているか。近隣の総合大学に図書の閲覧に行くが、関連する図書についての情報が欲しい。ほとんどの図書館にはない希少な書物らしいが所蔵している図書館はあるか。図書館で借りて読んだが、よい本なので手許においておきたい、今でも購入が可能か。高額な研究書のため、少しでも安く手に入れたいが、古書店で入手できるか。絶版や品切れ図書、何とか手に入れる方法はないか。

これらの情報については、図書館内の端末を利用することによって、簡単に入手することができます。情報をうまく手に入れて、読書や勉強の効率を上げましょう。

第一回の講習会は以下の要領で行います。

日時　　二〇〇二年八月一日（木）　一〇時～一〇時三〇分
募集人員　一〇名（先着順、カウンターの申込書に記入してください）
夏休み中ですので、講義の時間と重なることもないと思います。積極的に利用してください。なお、講習の実をあげるために、人数を少なく絞っています。定期的に開催することによって皆さんの希望に添いたいと思います。
二階図書館入り口で、本年度第一回の本学図書館所蔵資料展を行っています。今回の特集は、松下竜一氏関連の図書です。一九六〇年代末にベストセラーとなり今日まで愛読されている『豆腐屋の四季』の、著者自筆書き入れのある私家版という珍しい資料を中心に、各種初版本、著者の署名入り本などを展示しています。簡単な解説を用意しましたので、参考にしてください。
図書館を一層活用して貰うために、「図書館だより」を発行することになりました。隔月刊の予定です。皆さんと図書館との架け橋になればと念じています。
（『図書館だより』一号、二〇〇二年七月一〇日）

2　雨の訪問者

皆さんは、図書館に一番乗りしたことはありますか。朝、開館したばかりの図書館は、とても気持ちの良いものです。……図書館の中の空気がまだきれいで、冷たくて、何もかもがぴかぴかに光っていて、カウンターでは職員が、情報検索の申し込み用紙がまがっていないか、持ち込み図書の数字を記したスティックが乱れていないかを確かめている。図書館だよりなどがきれいにならび、貸出端末が美しく光って、利用者を待っている。来館者は鉛筆を取り、その日の最初の名前を記入する。そして閲覧室に足を踏み入れる。静かな図書館の中での最初の静かな一歩、こんなすばらしいものはない……とまあ、レイモンド・チャンドラー風にいうと、こんな感じでしょうか。

閲覧室は九時開館ですが、自由閲覧室は八時四五分から開室しています。是非利用してください。
朝の澄み切った空気の中で勉強を始めるのは気持ちの良いものです。

先日、図書館に一番乗りを果たしたのは、なんと一羽の雀でした。朝の空気を入れるために開いていたドアから、紛れ込んだのでしょうか。それとも、勉強熱心な福岡女子大学の学生を毎日見ていて、雀も本を読みたくなったのかもしれません。古い諺に「勧学院の雀は蒙求を囀《さえず》る」というのがあります。平安時代の藤原氏の学校である勧学院の雀は、学生（当時は「がくしょう」と呼びます）の卵たちが暗唱している『蒙求』（中国の故事を覚えやすいように、四字熟語にしたもの。蛍の光窓の雪の故事は、車胤聚蛍・孫康映雪というように）を自然に聞き覚えるというような意味です。福岡女子大学の雀は、何を勉強したかったのでしょうね。それとも、前日は雨だったので、「雨の訪問者」だったのかもしれませんね。六、七〇年代に活躍した映画俳優のチャールズ・ブロンソンの訃報が届いたのは、それからまもなくのことでした。

今年は雨が多いので、傘の忘れ物や、間違いに気をつけてください。
一〇月上旬に、図書館システムの更新を行います。一時的に使用できない端末があったり、接続が悪くなる可能性もあります。不具合の場合は、カウンターに申し出てください。

次の図書情報検索講習会は、一一月六日（木）一六時一〇分〜一七時です。講義の少ない時間帯に設定しましたので、積極的に参加してください。端末が五台ですので、先着順に一〇名程度受け付けます。カウンターの申込用紙に空きが在ればチャンスです。

今年は、日本映画界最大の巨匠小津安二郎の、生誕一〇〇年にあたります。これを記念して全国で様々な催しが行われていますが、本学図書館の所蔵資料展でも、二回に分けて小津関連文献や資料の展示を行います。一〇月までは、皆さんにも比較的馴染みの深い、笠智衆、三上真一郎、中井貴恵、浦辺粂子、青木富夫など、小津周辺の人々の本を展示しています。小津関係文献中の白眉ともいうべき、高橋治『絢爛たる影絵』の初版は、名作中の名作「東京物語」の台本を表紙のデザインに使った、装丁も凝りに凝ったものです。展示はいつもの閲覧室入り口、今回は、並木座の小津安二郎特集のポスターも目印です。

（『図書館だより』八号、二〇〇三年一〇月一日）

3　学生図書委員懇談会を終えて

一一月の上旬に、三年生の図書委員の人に集まって貰って、学生の皆さんと図書館との懇談会を行いました。さすがに、卒業論文や卒業実験に取り組もうとする学年だけあって、いろいろと有益な意見や要望を出してくれました。予算の制約ですぐには実現できないものもありますが、できるだけ利用者の立場にたった改革を行っていこうと思います。懇談会は、この時期に来年以降も定期的に開催されますので、三年生の図書委員を通じてどんどん要望を出してください。

図書委員の意見に基づいて、早速いくつかの改善に着手しました。閲覧机の電灯の一部が切れているという指摘がありましたので、開館前にすべての机をチェックして、蛍光灯を新しいものと交換しました。閲覧室や書庫の天井の照明にはいつも気をつけていましたが、机の電灯に切れているものがあるというのは、文字通り盲点でした。八号で、『蒙求（モウギュウ、モウキュウとも）』の、蛍の光窓の雪の話に触れましたが、やはり勉強するときには、良い明かりが必要です。図書館でも定期的に点検しますが、もし机の電灯切れに気が付いたときはカウンターに連絡してくださると、すぐに交換できます。

『蒙求』にはたくさんの有名な逸話が含まれていますが、その中に「高鳳漂麦」というのがあります。後漢の高鳳という人の妻が、麦を干したまま外出するので、夫に気をつけるようにと依頼して出かけたのですが、書物に読みふけっていた高鳳は、降り出した雨にも気が付かず、麦は全部流れてしまったというのです。それくらい熱心に読書をした大学者という話ですが、皆さんも、図書館で読書や調べものに時間を忘れ、帰ろうとしたら外は雨だったという経験はありませんか。これからの雨は冷たくなりますので、風邪の原因にもなりかねません。気を付けてください。そこで、少しだけですが、図書館に置き傘を準備しました。傘の柄に青いテープが巻いてあって、「ＦＬ」と書いてあるのがそれです。急な雨にあったときは遠慮なく利用してください。使用後は傘立てのもとの場所に戻しておいて下さい。

一〇月上旬に、図書館システムの更新を行いました。検索できる範囲などが少し変わりましたが、使い勝手はどうでしょうか。分からないことや、こういう機能が欲しいなどの意見がありましたら、ぜひ、カウンターに申し出てください。

一一月から、月末の館内整理日も、原則開館にしました。掲示も出していますが、知らない人があれば教えてあげてください。利用は一七時までです。

次の図書情報検索講習会は、一月七日（木）一三時〜一四時です。補講日ですので、空き時間の人も多いと思います。是非積極的に受講してください。先着一〇名まで受け付けます。いつものように、カウンターの申込用紙に記入してください。

閲覧室入り口の所蔵資料展は、小津安二郎特集の二回目です。今回は、佐藤忠男、蓮實重彦、田中真澄、大島渚、篠田正浩、ドナルド・リチーなどの論客の著書が並んでいます。小津自身が装丁した、戦前の珍しい本もあります。衛星放送でも、連日小津作品が放映されるようですし、この機会に小津安二郎の世界をもう一度振り返ってみましょう。

（『図書館だより』九号、二〇〇三年一二月一日）

4　図書館ツアー実施のお知らせ

在学生の皆さんは、図書館をよく利用していますか。何となく敷居が高い、利用の仕方がよく分からない、という人はいませんか。特に、一年生にはそのような人が多いのではありませんか。これから授業のレベルがどんどん上がってくると、図書館を上手に活用できるかどうかが、成績を左右すると言っても過言ではありません。入学したときに簡単なオリエンテーションを受けただけなので、まだよく図書館のことが分からない、という人に朗報があります。図書館では二〇〇四年から、在学生を対象にした一種の上級オリエンテーションを実施します。新入生用のオリエンテーションと区別するために、図書館ツアーと名前を付けました。希望者のみの参加ですから、分かりやすく丁寧に説明されます。

日時は、四月二二日（木）一〇時～一一時三〇分です。この日は、新入生合宿研修のため、上級生は休講です。今から、予定を空けておきましょう。参加は自由です。図書館のカウンターにおいてある申込用紙に名前を記入してください。当日でも参加できますが、効率よく実施するために、なるべく事前申し込みをしてください。

内容は次のとおりです。①図書館全体の案内。狭いようでも図書館は意外に広い、まだまだ有効に活用できる空間があります。お気に入りのスペースを見つけましょう。②書架の配列と概略。どのコーナーにどんな分野の本があるかを頭に入れると、目指す図書や関連書籍を簡単に見つけられるようになります。参考図書や大型図書には意外な発見もあります。③図書リクエストの説明。講義で紹介された本がないので図書館に揃えてほしい、このようなときには購入希望図書リクエストができます。勉強のための図書からベストセラーまで、予算の範囲内で応じます。簡単なリクエストの方法を教えます。④文献複写の説明。講義が専門的になると研究論文を取り寄せたりします。文献複写を依頼するときの注意事項を説明します。⑤その他図書館でできることはたくさんあります。レファランス、貸し出し中の図書の予約、別置図書の利用、検索講習会への参加などについても説明します。⑥図書館員との意見交換。この際分からないことは何でも聞きましょう。図書館では皆さんの意見を待っています。

さあ、図書館ツアーに参加して、「図書館の達人」への道を一歩踏み出しましょう。

置き傘を追加しました。傘の柄に青いテープが巻いてあるのがそれです。急な雨にあったときは遠慮なく利用してください。利用が多いようで嬉しいのですが、使用後は傘立てのもとの場所に戻しておいてください。

一一月から、月末の館内整理日も、原則開館にしました。二月二七日（金）も一七時まで利用できます。三月三一日だけは年度末のため閉館しますが、四月からは月末の開館日も、二〇時まで開館時間を延長します。どしどし利用してください。利用者の数が増えると、このように開館時間、開館日時の延長も可能です。利用者の数を正確に把握するために、入館の時には必ず利用者名簿への記入をお願いします。

次の情報検索講習会は、三月一〇日（木）一五時三〇分～一六時三〇分です。春休みで講義もありませんので、積極的に受講してください。先着一〇名まで受け付けます。いつものように、カウンターの申込用紙に記入してください。

講習会は、原則として奇数月の一日に実施していますが、休日や学内行事の関係で前後に移動することがあります。三月は大学院入学試験の関係で、一〇日実施となっています。二〇〇四年中の実施予定日を次に掲げておきますので、スケジュールに組み入れましょう。
五月六日（木）、七月一日（木）、九月一日（水）、一一月一日（月）
（『図書館だより』一〇号、二〇〇四年二月一日）

5　六月と読書

六月というのは、なんとなく憂鬱なイメージがあります。ゴールデンウィークは終わってしまったし、夏休みにはまだ間があるし、蒸し暑いし、なによりも今月は祭日が一日もないのがこたえますね。六月というとすぐに思い浮かぶのは、せいぜい虫歯予防デー（六月四日）くらいでしょう。

皆さんは時間をどのようにやりくりをして読書をしていますか。歯医者さんに通っている人は、待ち時間などは格好の読書タイム、お気に入りの本を持って出掛ければ、痛い思いをするかもしれないという恐れなど、どこかに消えてしまいます。

歯医者と読書については、次のような思い出があります。学校の一斉検診で虫歯が見つかって、やむをえず歯医者通いをしたのですが、その歯医者さんの待ち時間が異常に長いのです。特に流行っているというわけではない！　のですが、歯医者さんがとても話好きで、親しい患者さんが来ると、まず世間話が小一時間、それからおもむろに治療が始まるのです。かなり高齢の歯医者さんだったのですが、診察用の椅子にどっかりと腰を下ろして、治療用の椅子に座った患者さんと、本当に楽しそうに話をしていました。大きな笑い声が待合室までしばしば聞こえてきました。患者さんの緊張感を解くというねらいでもなさそうで、ただただお話が好きで、そのために開業していたのではないか、と今では密かに思っています。そういう一風変わった歯医者さんだと分かったのは後日ですし、純真な中学生であった私は、歯医者さんは待ち時間の長いものと思っておりました。まあ、田舎のことでもあるし、忙しい今日と違って時間の流れもゆったりしていたのかもしれません。夏休みだったし（今も昔も中高生の歯医者通いは夏休みというのが相場ではないでしょうか）、時間もたっぷりあったのでしょう。そのたっぷりあった待ち時間のおかげで、その夏、歯医者さんの待合室で島崎藤村をほとんど読破してしまいました。学校の図書館にあった古びた『島崎藤村全集』を一日一冊くらいのペースで黙々と読みました。今思い返してみると、古さといい、手軽に持ち運べたことといい、定評のある筑摩書房の菊判の『藤村全集』ではなく、昭和二〇年代か三〇年代に出た、新潮社か筑摩の『島崎藤村全集』であったと思います。なぜ藤村を選んだのかは全く覚えていないのですが、薄暗い歯科医の待合室と、古びた藤村の全集との記憶は強く結びついています。そういえばその歯医者さんは畳敷き！だったのです。通常の民家に治療用の椅子や器具を持ち込んでいた歯科医の待合室で、まるで青山半蔵が座敷牢に閉じこめられていたように『夜明け前』などを読んでいたというのは、落ちになるでしょうか。

毎日忙しく過ごしている皆さんは、どう時間をやりくりして読書をしていますか。馬上・枕上・厠上などという言葉がありますから、通学の往復の電車やバスの中、夜寝床でゆっくりと、それとも……。読書は場所を選ばず一挙に別世界へと没入できる手段でもあります。図書館の本を使って別世界に、異次元に飛翔してください。

梅雨入りも間近です。晴耕雨読という言葉もありますし、雨に降り籠められた日などは、本を読みなさいと天が読書のきっかけを与えてくれた、と考えてみてください。

図書館の本を素早く正確に探し出すための手段、図書情報検索講習会の次回の予定は、七月一一日(月)です。今回は一年生を対象にして、基本的な検索の方法を学ぶ予定です。一年生の人にとって図書館はまだまだ敷居の高い存在ではありませんか。図書館を使いこなすきっかけにしてください。また、夏休みの課題をこなすための適切な本を探し出す良い機会でもあります。ふるって参加してください。一一日は補講など以外の講義はありませんので、午前(一〇時三〇分から一一時三〇分まで)と午後(一三時三〇分から一四時三〇分まで)の二回設定をしています。都合の良い時間の方に申し込んでください。申し込みはいつものように、図書館カウンター備え付けの用紙に記入してください。

(『図書館だより』一七号、二〇〇五年六月一日)

6　小さな図書館の小さな工夫

ここ数年の図書館改革の一部についてご報告をしたいと思います。いずれもささやかな工夫ですが、卒業生の皆さんにも是非利用して戴きたいものです。

まず、隔月で図書情報の検索講習会を始めました。昔よく図書館を利用した人ほど、カード検索になれた方ほど、端末の検索を敬遠しがちなのではありませんか。基本的なＯＰＡＣの使い方から全国の大学の蔵書の横断検索まで、簡単に身に付きます。原則奇数月上旬の実施です。次回の予定などご遠慮なくおたずね下さい。館内にも随時掲示します。

次に、二か月間隔で特集を組み、本学の所蔵資料展を行っています。これまで一七回を数え、『豆腐屋の四季』の著者自筆校正本、町春草の装丁本、細川書店の刊行図書、著名人の署名本、小津安二郎関連文献などを展示しました。展示資料が後に学外の利用者から閲覧の申し込みを受けたこともあります。情報発信の重要性を改めて感じています。

最後に、昨年から一部土曜開館を行っています。試験や卒論のため要望の多かった九月と一二月の毎週土曜日、一〇時から一六時まで開館しています。正式予算が付いていませんので、学生アルバイトと館長が交代でカウンターに座っています。返却はできますが、コンピュータの関係で貸出業務はできません、館内閲覧が中心です。コピーやブラウジングルーム、自由閲覧室も利用できます。利用者が増えると予算化されたり開館月を増やすことができます。卒業生の皆さん、九月の土曜日、久しぶりに図書館を訪ねて、懐かしい本の数々に囲まれてみませんか。

（『福岡女子大学国文学会会報』復刊三号、二〇〇五年六月）

第二章　大学図書館の実践　所蔵資料展特集形式の試み

一、『豆腐屋の四季』と松下竜一署名本

『豆腐屋の四季』は、大分県中津市在住の作家松下竜一の青春の日々を綴ったもの。青春の懊悩、生活の困窮、健康の不安、時代の混乱の中にありながら、優しさと強さを失わず、半歩、また一歩と少しずつ進む姿が感動を呼ぶ。

当初は、一九六八年一二月刊行の、タイプ印刷の私家版であったが、一九六九年四月講談社から刊行されるや、たちまちベストセラーとなり、同年、緒方拳、川口晶主演でテレビドラマ化されるにいたる。その後、講談社文庫に収められ、二〇〇〇年一〇月で一二刷を重ね、この種の書物としては、異例のロングセラーを続けている。日本が、まだ貧しさの痕跡を引きずりつつも、いや、それゆえにこそ優しさと美しさと希望が身近にあった時代の、青春の書である。

今回は、この『豆腐屋の四季』を私家版から著作集まで四種類を集め、併せて、著者の署名本若干を展示する。掲出した資料は、以下のものである。

（一）私家版（印刷は川原田印刷タイプ部（中津市本町）。A五版、本文二九九ページ。一九六八年一二月一日発行。）

表紙の題字は著者の末弟満氏の手によるもの。扉中央には書名の代わりに、「母に捧ぐ　松下竜一」とあり、本書に籠めた著者の意を汲むことが出来る。掲出書は、講談社版が刊行される際に、底本となったもので、表記の統一を図るほか、企業名を匿名にしたり、初出誌を記すなど、約一〇〇か所に及ぶ、著者による朱筆の訂正、書き入れが見られる貴重なものである。

（二）講談社版（四六版、本文三一四ページ。一九六九年四月八日初版。）

装丁、カットは風間完で、表紙カバーには松下豆腐店と思しき建物が描かれ、豆腐配達用に用いている自転車が立てかけられている。また、カバー前見返しには、本文を引用しながらの講談社の宣伝文が、後ろ見返しには、松下家の家族の写真が載せられる。なお、本書から「ある青春の記録」というサブタイトルがつけられている。掲出書は初版本。

（三）講談社文庫本（文庫版、三二四ページ。一九八三年六月一五日初版。）

カバー原画は、前掲の講談社版の単行本と同じものであるが、カバーの後ろ半分に解説文を入れる都合上、装画の右側約四分の一が削られている。『豆腐屋の四季』は、私家版以来、冬、春、夏、秋に小分類されているが、単行本ではこの部分に入れられていた風間完のカットが、文庫版では著者自身の写真などに差し替えられている。巻末の「歌集　相聞」には、もともと松下夫妻の写真があったから、統一を図ったものであろう。掲出書は初版、「竜一」の署名入り。

（四）『松下竜一　その仕事』版（河出書房新社刊行、二〇〇〇年一〇月）

（五）松下竜一署名本（特に断らないものは初版）

①『疾風の人　ある草莽伝』（朝日新聞社、一九七九年一〇月）
署名は「松下竜一」「龍」の朱印（⑦以外はすべて陰刻）。

②『いのちき　してます』（三一書房、一九八一年四月）
署名は「松下竜一」「龍」の朱印、「一九八一、五」の日付あり。

③『小さな手の哀しみ』（径書房、一九八四年七月）
署名は「竜一」、「龍」の朱印、「一九八四、七、二三」の日付あり。

④『記憶の闇—甲山事件〔一九七四→一九八四〕』（河出書房新社、一九八五年四月）
署名は「竜一」、「龍」の朱印、「一九八五、四、一五」の日付あり。

⑤『あぶらげと恋文』（径書房、一九八八年一月）
署名は「竜一」、「龍」の朱印。本書は一九八八年三月の二刷。

⑥『ゆう子抄　恋と芝居の日々』（講談社、一九九二年六月）
署名は「竜一」、「龍」の朱印。

⑦『底ぬけビンボー暮らし』（筑摩書房、一九九六年九月）
署名は「竜一」、「龍」の朱印（陽刻）。

（第一回福岡女子大学附属図書館所蔵資料展・二〇〇二年七月～八月）

二、町春草の著書と装丁本

昭和を代表する女流書家であり、古典や近代文学に題材を取ったユニークな作品で知られ、海外でも高く評価された町春草は、一方では達意の文章家であり、様々な文学作品の装丁を行ったことでも知られる。今回は、町春草の著述と装丁本の中から、重要なものを選んで展示した。

町春草は、一九二二年東京生まれ、本名和子。飯島春敬に師事。一九四六年日本書道美術院再建書道展仮名部最高賞受賞、一九五〇年なにはづ書芸社創立、一九五四年毎日書道展審査会員、一九六五年第一回オリベッティ国際賞、一九八五年フランス文化勲章受章。東京、大阪、パリ、ロンドン、ジュネーブ、ローマ等々で数々の個展を行い、上智大学・リヨン大学等で講義や講演を行った。一九九五年一一月没。

没後もその人気は衰えず、昨二〇〇一年七月には、埼玉県熊谷市の八木橋百貨店で「世界が注目した女流書家・町春草の世界展」が開催され大盛会であり、今秋二〇〇二年九月以降には、山口県長門市湯本温泉の大谷山荘で「町春草遺作展」が予定されている。なお、二〇〇〇年四月には長野県茅野市に、町春草美術館が開館している。

掲出した資料は、以下のものである。なお、特に断らない限り初版本である。題字はほとんどが町春草のものである。装丁も含めて書物の美を味わってほしい。

（一）『うつくしい書』（婦人画報社、一九五五年一一月）

町春草の最初の著述。日本の書の歩みを概観した後、人麿、業平、晶子、藤村、コクトオ等々に題材を取った自作を並べ、次いで、「古典における書の女性美」「書道教室」の項目を設けるなど、「紫式部以来の王朝の女流を継承」と称され、また書道の普及に意を用いた著者の面目躍如たるものがある。『くらしの書』（一九六〇年八月）、『たのしい書』（一九六六年一月、掲出書は六八年一月の七刷、短期間の増刷が当時の人気のほどを偲ばせる）と共に三部作を形成する。

（二）『平安書道芸術の人々』（木耳社、一九七一年一二月）

平安書道の通史で、町の著述の中では、やや堅いものに属するが、書跡のみならず、人物像、神社・仏閣などの写真・図版も豊富で、文章も読みやすく工夫されている。

（三）『花のいのち墨のいのち』（朝日新聞社、一九七二年四月）

最初の随筆集。町の文章家としての卓越した才能と交友範囲の広さを見ることができる。翌年には第二随筆集の『書芸の瞬間』を学藝書林から刊行する。

（四）『紅梅』（角川書店、一九七四年一二月）

句集。町は、早くから句作に親しみ、虚子や碧梧桐の句や、自作の句を作品にしてきた。函の伊藤深水の紅梅図と町の筆跡の調和が見事である。掲出書は著者の署名本。

（五）『川端康成選集』（新潮社、一九五六年一月〜一一月）

町春草の装丁した文学書は数多いが、本資料はその代表格である。全一〇冊の一つ一つが異なった世界を現出している。題字のみならず、装丁まで完全に任せられた町は最初はとまどったが、川端も大変気に入った出来映えであった。町自身にとっても忘れられない仕事であるという（『書芸の瞬間』）。

（六）『みづうみ』川端康成著（新潮社、一九五五年四月）

掲出本は、一九六八年一〇月の第五刷。同年同月、川端はノーベル文学賞受賞、帯にはいち早く、そのことがうたってある。当然四刷以前にはこの帯はなく、比較的珍しいもの。選集の第一〇巻と並べて、四つの「みづうみ」の筆致を味わえるようにした。

（七）『富士の初雪』川端康成著（新潮社、一九五八年四月）

町による川端本の装丁は多いが、当該書は、函と表紙の相違に違和感も覚えるほど大胆な構図のもの。通常は、函と表紙は同じ字体を使うから、思い切った試みである。

（八）『秋日和』里見弴著（角川書店、一九六〇年一〇月）

小津安二郎晩年の名作、秋三部作の一つの原作である。映画では三輪秋子を原節子が演じた。掲出したのは、里見から実兄の有島生馬への献呈本。

（九）『こころ変り』舟橋聖一著（新潮社、一九六三年五月）

福助や歌右衛門が主要人物として登場するなど、歌舞伎の世界が、物語の大きな要素を占めており、斯界と深い交友のあった町春草の装丁にふさわしい本。

（一〇）『連舞』有吉佐和子著（集英社、一九六三年七月）
『女館』有吉佐和子著（講談社、一九六五年六月）

「有吉佐和子は、自分から名指しで、その作品の装幀をほとんど春草に任せている」（『墨の舞』）が、ここでは中期の作品から、『連舞』と『女館』を掲出した。『女館』では、作中人物の小林静代が書に秀でているという描写もある。

（第二回福岡女子大学附属図書館所蔵資料展・二〇〇二年九月〜一〇月）

三、翻訳本の世界（1）——日本から——

翻訳という作業を経たものを通して、私たちは母国語以外の言語によって書かれた作品をも自由に読むことが出来る。もちろん、翻訳者というフィルターを一つ余分に通してのことであるので、原文で読むことには叶わないが、あらゆる言語のすべてを自由に操ることがほとんど不可能である以上、翻訳本が、異文化への恰好の入り口の役目を果たしていることもまた間違いない事実である。そこで、二回に分けて翻訳本の世界を覗いてみることにする。定点観測をするのが物事を理解する近道であるから、一人の作家や、一人の作品に固定して翻訳本を集めてみた。コレクションとしての面白さも味わってほしい。

今回は、「日本から」という副題で、日本の文学作品の翻訳本を集めてみた。具体的には、日本で最初のノーベル文学賞作家である、川端康成の英訳本を展示する。川端康成の文学世界には、日本的または東洋的な美が感じられるらしく、欧米では早くから川端の作品が多数翻訳・紹介されてきた。英訳本の川端文学を読んで、英語の勉強をするのも一興であろう。表紙のデザインなど、どのような印象を持つだろうか。

（一）『雪国』 *Snow Country* サイデンステッカー（Edward G. Seidensticker）訳、セッカー&ウォーバーグ社刊、一九五七年初版。

（二）『雪国』 *Snow Country* サイデンステッカー（Edward G. Seidensticker）訳、タトル社、一九五七年初版。

（三）『千羽鶴』 *Thousand Cranes* サイデンステッカー（Edward G. Seidensticker）訳、セッカー&ウォーバーグ社、一九五九年初版。ジャケット・デザインは、Denis Piper　裏表紙は、川端康成の写真。

（四）『山の音』 *The Sound of the Mountain* サイデンステッカー（Edward G. Seidensticker）訳、セッカー&ウォーバーグ社刊、一九七一年初版。ジャケット・デザインは、Mike Dempsey　扉の部分では翻訳者の名前が〈Edwerd G. Seidenstickerr〉となっている。珍しい誤植である。

（五）『名人』 *The Master of GO*　サイデンステッカー（Edward G. Seidensticker）訳、セッカー&ウォーバーグ社刊、一九七三年初版。ジャケット・デザインは、Mike Dempsey

（六）『みづうみ』 *The Lake*　月村麗子（Leiko Tsukimura）訳、講談社刊、一九七四年刊。ジャケット・デザインは、Sigeo Katakura　裏表紙は川端康成の写真。

（七）『美しさと哀しみと』 *Beauty and Sadness*　ハワード・ヒベット（Howard Hibbett）訳、セッカー&ウォーバーグ社刊、一九七五年初版。ジャケット・デザインは、Philip Mann

（八）『古都』 *The Old Capital*　マーティン・ハーマン（J. Martin Holman）訳、ノースポイント出版、一九八七年初版。ジャケット・デザインは、John Prestianni

（第三回福岡女子大学附属図書館所蔵資料展・二〇〇二年一一月～一二月）

四、翻訳本の世界（2）――日本へ――

翻訳本の世界の第二回の今回は、日本語に翻訳された作品を集めてみた。具体的には、ジュール・ヴェルヌの『八十日間世界一周』で特集を組んでみた。幼児・児童向けに簡略化されたものを含めると、恐らくほとんどの人がこの作品を読んだことがあるのではないか。その意味では私たちに最もなじみ深い作品の一つと言って良かろう。実は、この作品は、早く、明治一〇年代に最初の翻訳が出されている。実に一二〇年以上の歴史を持つ翻訳小説である。今回は、その最初の翻訳が最新の注釈でよみがえったもの、なじみ深い文庫本の数々、更に、マイケル・トッド制作の映画『八十日間世界一周』関連資料も展示する。

(一)　川島忠之助訳（新日本古典文学大系明治編『翻訳小説集二』、岩波書店）

フランスでヴェルヌの原作が出版されたのは一八七二年、川島訳の前編が刊行されるのが一八七八年であるから、僅か六年でこの作品は日本に紹介されたのである。ある意味では、八〇日間で世界一周するよりも速いスピードといえようか。文化は国境も言語も軽々と越えるのである。なお、川島訳自体が文語文で、今日ではやや難解になっているために、これに注解が付されるようになった。掲出書がそれで、注釈を担当しているのが、岡照雄本学学長と、清水孝純本学非常勤講師である。福岡女子大学とも縁の深い一冊である。

(二)　江口清訳（『世界大ロマン全集』一〇、東京創元社、一九五七年）

大佛次郎訳『鉄仮面』、檀一雄訳『西遊記』、富士正晴訳『金瓶梅』、西村孝次訳『紅はこべ団』、宇野利泰『透明人間』等々、名訳が揃った全集の一冊。

(三)　江口清訳（角川文庫、一九六七年版、七八年版、九五年版、九九年版）

一冊目は、懐かしい帯付きの角川文庫。二冊目からは、代表的なカバーを集めてみた。三冊目は、テレビ朝日のアニメーションを使ったもの、第八話「ジャングル象旅行の巻」あたりの絵柄であろうか。なお、角川文庫は七八年版から改訂版になっている。

（四）　田辺貞之助訳（『ヴェルヌ全集』一、集英社、一九六七年）

コンパクト版ながら、『海底二万里』『二年間のバカンス』『気球に乗って五週間』『地底の冒険』『月世界旅行』等々、ジュール・ヴェルヌの代表作をほぼ網羅した決定版全集。全二四巻。掲出資料は六八年一二月の第五版。

（五）　田辺貞之助訳（創元推理文庫、一九七六年）

田辺訳は、創元推理文庫でも読める。東京創元社は、『世界大ロマン全集』では、江口清訳であったが、角川文庫との関係を考慮したものか、今回は田辺貞之助訳を使用した。

（六）　木村庄三郎訳（旺文社文庫、一九七三年）

旺文社文庫全体の特色であるが、解説類が充実している。本書も訳者による「ジュール・ヴェルヌ―人と作品」「『八十日間世界一周』について」「年譜」の他、金子博「代表作品解題」など三四ページに及ぶ解説がある。この文庫を再評価する必要があろう。掲出書は八八年の第一一刷。

（七）　鈴木啓二訳（岩波文庫、二〇〇一年）

二一世紀になって刊行された最新の翻訳である。川島忠之助訳の出版から数えても一二〇年以上になる。この作品の生命力の長さを示すものである。最近の文庫本の特徴として、版組がゆったりとして読みやすくなっている。小さい文字でびっしりと組まれ、凝縮された知識の宝庫の観があった文庫も過去のものとなりつつある。

（八）　映画『八十日間世界一周』パンフレット

一九五六年アカデミー賞作品賞に輝いた作品であるが、公開から半世紀経った現在振り返ってみると、主演のデビッド・ニーベンでもなく、監督のマイケル・アンダーソンでもなく、シャルル・ボワイエ、ロナルド・コールマン、マレーネ・ディートリッヒ等々のカメオ・プレイヤーでもなく、やはりマイケル・トッドの『八十日間世界一周』というのがふさわしいように思われる。トッドが生きていれば、エリザベス・テイラーの後半生も違ったものになっていたような気がする。掲出資料は再映時のもの。

（九）『マイケル・トッドの豪華ショー　八十日間世界一周』（CHARLES E. TUTTLE COMPANY 一九五七年）

映画の解説本として出版されたものか。一三ページから二五ページまでの「あらすじ」は、上記パンフレットのものと完全に一致する。三二ページから三九ページまでの「カメオ・スターのひとびと」はパンフレットでは見開き二ページであったから、随分詳しくなっている。そのほか「マイケル・トッド八〇のムード」「あなたも映画が作れます」など、全四四ページ。映画関係の古書店などでは時々見かけるが、逆に図書館などではほとんど所蔵されない珍資料である。

（第四回福岡女子大学附属図書館所蔵資料展・二〇〇三年一月〜二月）

五、ダニエル・デイ＝ルイスで読む英米文学

二〇〇三年正月公開映画の話題の一つは『ギャング・オブ・ニューヨーク』であった。レオナルド・ディカプリオとキャメロン・ディアスの美男美女コンビが、日本では話題の中心であったようだが、名優ダニエル・デイ＝ルイスが約五年ぶりに映画に復帰したことも注目を集めた。事実、アカデミー賞主演男優賞の部門にこの作品でノミネートされたのは、レオではなく、ダニエルの方であった。ダニエル・デイ＝ルイスは、桂冠詩人セシル・デイ＝ルイス（英文学科以外の人には、『野獣死すべし』のニコラス・ブレイクといった方が分かりやすいだろう）を父としているように、文学との関わりが深いのであるが、その出演作品を追って見ると、英米の重要な文学作品を原作としているものが多い。そこで、表記のような特集を考えてみた。映像をきっかけとして、すぐれた文学作品に親しんでほしい。

（一）『眺めのいい部屋』

小説『ハワーズ・エンド』『インドへの道』、評論『小説の諸相』で知られる、E・M・フォースターの初期の代表作。イギリス中産階級の因習と偽善性、これに対立する自由主義的、現実主義的思想を描いたものである。脇役であるが、ダニエル・デイ＝ルイスは前者に属する俗物的な人物像を実に

巧みに演じている。主演のヘレナ・ボナム・カーターは、この作品で注目を浴び、監督のジェイムズ・アイボリーは、後に『ハワーズ・エンド』にも起用している。こちらは、アンソニー・ホプキンスとエマ・トンプソン（アカデミー賞主演女優賞）の共演で、一層イギリスらしい映画に仕上がっている。

掲出書は、フォースター著作集（みすず書房）である。

（二）『マイ・レフトフット』

重度の脳性麻痺に冒されながらも、かろうじて動く左足を使って、美しい文章や絵を生み出し、『ダウン・オール・ザ・デイズ』などの作品で知られる、英国の詩人・小説家のクリスティ・ブラウンが、自己の前半生を振り返った、同名の自伝を映画化したもの。ダニエル・デイ=ルイスは、この作品の迫真の演技で、アカデミー賞をはじめ、全米映画批評家協会賞、全英映画批評家協会賞、ニューヨーク映画批評家協会賞、ロサンゼルス映画批評家協会賞等々で、最優秀主演男優賞を総ざらえした。

掲出書は、春秋社より出版された単行本の新装版（一九九七年）である。春秋社は、大石順教尼の自伝も刊行しており、出版社としての主張が貫かれている。

（三）『ラスト・オブ・モヒカン』

J・F・クーパーのレザーストッキング物語五部作の中でも最も有名なもの。音楽家シューベルトは、このシリーズの大ファンであったという。最近の『西南学院大学図書館報』一五三号（二〇〇二年一一月）に、武井俊詳文学部長が「ＢｕｓｈにＢｏｏｋを」という文章を寄せているが、ビル・クリントン前大統領は本書を愛読書としていた。日本でも『モヒカン族の最後』の邦題で、少年少女向きの簡訳版を中心に多数出版されている。ダニエルは、Ｄ・Ｈ・ロレンスがオデュッセウスになぞらえた、ナティ・バンポー（ホーク・アイ）に扮して圧倒的な存在感を示している。

掲出書は、二か月の間で、四刷を重ねた、ハヤカワ文庫版である。ジュニア向きの抄出版が多かった中で、待望の廉価全訳版である。

（四）『父の祈りを』

アイルランド出身で、『マイ・レフトフット』の監督、ジム・シェリダンが、再度ダニエルと組んだ問題作である。北アイルランドの独立を巡って、イギリス進駐軍とＩＲＡ（アイルランド共和国軍）が激しく対立していた一九七四年、ロンドンでの爆破事件の犯人として、アイルランドの青年ゲリー・コンロンが逮捕される。冤罪が証明され、無罪を勝ち取るまで実に一五年の歳月を要し、その間に同じく逮捕され服役していたコンロンの父は死亡する。非暴力・無抵抗を貫いて死んでいった父の祈りが、主人公のゲリーに受けつがれるというのが邦題である。

掲出書は、集英社文庫。映画化がなされなければ、恐怖の冤罪事件に基づいた原作の邦訳はなかったのではないか。映画のもたらせた文化的恩恵といえよう。

（五）『エイジ・オブ・イノセンス』

『歓楽の家』『イーサン・フローム』などでも知られる、イーディス・ウォートンのピューリッツア賞受賞作。戦前の伊藤整の『汚れなき時代』（一九四一年、現代アメリカ小説全集第八巻、三笠書房）が名訳であったが、入手しづらいものとなっていた。それが今回の映画化がきっかけで、新潮文庫『エイジ・オブ・イノセンス』（九三年、大社淑子訳）、荒地出版社『無垢の時代』（九五年、佐藤宏子訳）と新訳の競作となった。監督は、上述の『ギャング・オブ・ニューヨーク』のマーチン・スコセッシ、ダニエルは主人公のニューランド・アーチャーに扮し、ウィノナ・ライダー（メイ・ウェランド）とミッシェル・ファイファー（オレンスカ伯爵夫人）の二大女優が、ダニエルを挟んで火花を散らす。

掲出書は、二種類の新訳である。

（六）『クルーシブル』

『セールスマンの死』『橋からの眺め』などで知られるアーサー・ミラーの代表作の一つ。『るつぼ』の邦題の方が馴染みが深いだろう。劇団民芸の舞台を思い起こす人も多いかもしれない。一七世紀にセイラムで起こった魔女裁判に狂奔する人々の姿に題材を取り、一九五〇年代に合衆国を席巻したマッカーシズムを強く批判したもの。九・一一以後の今日も意味を持ち続ける作品。前作に引き続きダニエルと共演したウィノナ・ライダーは、不倫相手の妻を魔女として告発する少女に扮し、人間が内包する暗黒の側面を巧みに演じた。三か月間未開の島で生活をして役作りに挑んだダニエルの演技はもちろんすばらしい。なお、この映画出演が契機となって、原作者の娘レベッカ・ミラーと結婚して話題を呼んだ。

掲出書は、アーサー・ミラー全集（早川書房）である。

（付）『存在の耐えられない軽さ』『野獣死すべし』

英米文学の範疇からははずれるが、ダニエル・デイ＝ルイスの主演作品として見逃すことが出来ないのが、『存在の耐えられない軽さ』である。原作の著者は、チェコの鬼才ミラン・クンデラである。掲出書は、集英社刊、後に文庫化もされる。本学図書館では、学生希望図書として購入されたもの。購入希望は随時受け付けているので、申し出てほしい。セシル・デイ＝ルイスがニコラス・ブレイク名義で執筆した『野獣死すべし』（ハヤカワ文庫）と共に参考のために展示する。

（第五回福岡女子大学附属図書館所蔵資料展・二〇〇三年三月～四月）

六、新潮社の世界文学全集に見る出版文化史

世界の代表的な文学作品を叢書の形で纏めたものは、多くの出版社から出ているが、最も一般的な〈世界文学全集〉という名称を最初に使用したのは、円本《えんぽん》時代の新潮社である。その後、新潮社は同名の全集をいくつか刊行しているが、いずれも文芸出版の老舗らしいすぐれたシリーズである。昭和の出版文化史を振り返る意味も含めて企画した。

（一）『世界文学全集』

改造社の『現代日本文学全集』に次いで刊行されたもので、昭和初期の円本のブームを決定的にした。一九二七年第一期全三八巻は五八万人の予約を集めたという。この第一期はダンテ『神曲』に始まり世界の代表的な名作を収めた本格的な全集で、第二期全一九冊にはアプトン・シンクレアやドライサーなどが収められているのがプロレタリア文学全盛の時代を表していよう。完全予約制であるから各冊奥付には非売品と記される。瀟洒な絵入りのカバーは殆どの図書館では保存されていない。

ここでは、内容見本の小冊子と、第三巻第二七回配本の「沙翁傑作集」、第三二巻第二五回配本の「現代佛蘭西小説集」を展示した。当時の函やカバーも味わってほしい。

（二）『現代世界文学全集』

戦後の世界文学全集類の先鞭を付けたのは河出書房で、『世界文学全集』一九世紀篇、古典篇など、すぐれた企画でこの分野をリードした。その河出の全集では手薄であった、二〇世紀の文学に焦点を絞り、当時の読者の渇望を満たしたのがこのシリーズである。書名から明らかなように、現代、二〇世紀の名作をずらりと並べ、第一回配本に『異邦人・ペスト』『ジャン・クリストフ』を持ってくるなど、他社の類似の企画を圧倒した。ショーロホフの『静かなドン』が数社と競合したのも話題であった。それだけのブームを呼んだこの作品も、後述の（六）では総冊数の減少に伴い削除されており、時代の変遷を改めて感じさせる。

一九五二年からの刊行で、当初二九冊の予定が最終的には四六冊となった。ここでは第一回配本のカミュと、競作となった『静かなドン』を展示した。

（三）『新版世界文学全集』

『現代』のシリーズが大好評であったので、一九世紀の名作を中心にその追補を意図したもの。函、装丁、造本など（二）のシリーズとほぼ一致する。特に両シリーズのカバーは瀟洒なもので、本学でもこれを外さないで配架している。第一巻『赤と黒』、第二巻『若きウェルテルの悩み・みずうみ他』の配列から窺えるように、（二）に漏れた世界文学の最高峰をほぼ網羅した。一九五七年の刊行開始で全三三冊。最終回配本の月報には「『現代世界文学全集』（中略）とあわせ、ここに一九世紀から現代までの世界の名作の集大成が完成」と自負する如く、両シリーズを併せると、最もバランスの取れた世界文学全集となる。

ここでは、最終回配本（一九六〇年）となった『チボー家の人々』を展示した。版権を持つ白水社以外から出版されるのは珍しい作品で、月報には白水社への謝辞が記される。

（四）『世界文学全集』（黄版）

一九六〇年代にロングセラーとなったコンパクト版である。（五）（六）（七）は、このシリーズの異装版、改編版であり骨格は不動である。書籍に限らずあらゆる商品に共通することであるが、小規模なモデル・チェンジを行いながら、長期にわたって販売されることがロングセラーの一つの特徴である。（四）〜（七）についても、書名は共通するので、今仮に、函の色によって、黄版、緑版、赤版、新赤版との名称を付けて区別した。

黄版の基本的な性格は、一般への普及という点にあった。内容的には（二）（三）の全集を基に、特に著名なものを中心にコンパクトにまとめたものである。冊数は全五〇冊、判型は小B六版であるから、(二)(三)合わせると七九冊になる四六版の全集より作家も作品も絞り込まれている。手軽に世界文学の全体像をつかみたいという大衆の要求を、冊数も判型も見事に先取りしたものである。第一回配本がカミュ、第二回がサガンという選定も実に見事な作戦であった。実は、この全集の第一回配本は、一九六〇年一月のカミュの衝撃的な事故死の直後、三月一五日であった。もちろん解説にも月報にも、いち早くそのことは言及されている。カミュの方は、新潮社が版権を独占していたこともあり、ある意味では当然の選択であった。それに対して第二回にサガンを持ってきたのは、新潮社のジャーナリスティックな感覚の鋭さとも言うべきもので、五七年の映画『悲しみよこんにちは』で、ジーン・セバーグが、デボラ・カー、ミレーヌ・ドモンジョを相手に一歩も引かぬ好演を見せ、映画自体も大ヒットとなった。月報の中でサガンを「ジーン・セバーグよりも、はるかに演劇的なニュアンスがあり、どちらが女優さんなのかといいたいくらい」(山崎清)とあるのは、その辺の時代の空気をよく示していよう。サガンのシリーズは七〇年代の半ばまで、新潮文庫でもロングセラーになった。

ここでは、このカミュ、サガンと、トーマス・マンの『魔の山』(第二八巻、二九巻)を展示した。全巻の完結は六四年一二月である。

(五)　世界文学全集(緑版)

これは、黄版と内容的にはまったく同一で、函や表紙の装丁だけを改めた異装版である。このようなものが作られたのは、黄版とほぼ同時に刊行されて、これも当時の評判となった『日本文学全集』（一九五九年～六五年、全七二冊、本学図書館にもあり）を、一九六七年に五〇冊に再編成して、『世界文学全集』と冊数やデザインを揃えて販売しようとしたことによる。このシリーズから図書月販（後のほるぷ）のセット販売となった。

展示したのは、第四九巻のゴーゴリ、ツルゲーネフ、プーシキン集と、第五〇巻チェーホフ、ガルシン、ゴーリキー、コロレンコ集である。五〇冊というやや窮屈な編集であったために、第四三巻以下の八冊が、短篇を中心に三人から六人の作家がまとめられている。一人でも多くの作家をという考えで、これも（四）以下のシリーズの特徴の一つである。

（六）　世界文学全集（赤版）

今回は冊数が四〇冊となり、装丁も改められた、改編・異装版である。五〇冊の全集から、『ユリシーズ』『魔の山』『静かなドン』などが削られ、旧四三～五〇巻の八冊の短編集を四冊に圧縮した。世界文学を一望するにも、全五〇冊から四〇冊へ、時代はますます手軽なものを求めるようになったのである。今回のものと、次の新赤版（四五冊）とは、表紙の装丁が完全に一致するので同一のものと誤解されやすい。冊数が違うのでこれらはお互いに改編版にあたるのであるが、混同されやすい。幸い函のデザインが異なるので、簡単に見分ける手がかりになるが、函を取り外すのが原則の図書館では注意が必要である。

展示したのは、フォークナーの『八月の光』、分売の黄版では、最終回配本であったものである。

新赤版と函、表紙を見比べてほしい。一九六九年の刊行である。

（七）世界文学全集（新赤版）

黄版の最後のモデル・チェンジで、冊数は再び増えて四五冊となった。赤版に、再度『魔の山』と『静かなドン』の計五冊が加わったのである。これは同じくセット販売の『日本文学全集』が新進の作家の作品を補うために五冊増巻の必要が出てきたためである。海外の方は、新進の作家のものをいち早くというわけにもいかないので、マンとショーロフの復活となったものである。本学では、この最後の改編版を全冊所蔵する。

展示したのは、冊数の変化に翻弄された『魔の山』と、ゴーゴリ、ツルゲーネフ、プーシキン、チェーホフ、ガルシン、ゴーリキー、コロレンコの七人を一冊にまとめた第四五巻である。緑版の四九・五〇巻を半分に圧縮したもので、作品の選択にどのような変化があるのか、よく見比べていただきたい。一九七一年の刊行である。

（八）『新潮世界文学』

現代・新版全集から、黄版・赤版全集への流れは、軽量化・簡略化であった。それは政治・経済・社会に共通する世の中の流れ全体に共通するものであったともいえる。出版文化はむしろそれを先取りしていたかもしれない。しかし、文化や文学にとって、軽さや親しみやすさの追求は、必ずしも全的に肯定できるものではない。新潮社は時代の流れに抗して、敢えて重厚長大な文学全集の刊行を試みた。それが『新潮世界文学』全四九冊で、四六版で平均八〇〇ページ、最大一二〇〇ページという大部のものである。所収作家を二四人に厳選し、トルストイに五冊、ドストエフスキーに六冊を割り当て、文豪の代表作はほぼ網羅されている。〈全集の全集〉という名称は決して過大ではない。一九六八年から七二年にかけての刊行であり、一方で時代の流れをつかんだ緑版、赤版を出版しつつも、他方であえて重厚長大な全集を刊行した点、出版社としての志の高さを見ることができる。

展示したのは、トルストイとサルトル、それに所収作家の署名（各冊の表紙に使用されたもの）が一覧できる内容見本である。（第六回福岡女子大学附属図書館所蔵資料展・二〇〇三年五月～六月）

七、山内義雄の著述と旧蔵書

フランス文学者であり、アンドレ・ジイドを最初に日本に紹介したことで知られる山内義雄は、数多くのフランス文学を美しい訳文で翻訳し、特に、マルタン・デュ・ガールの『チボー家の人々』の名訳は広く親しまれている。また、選び抜かれた素材を使いつつ過度の装飾を排して、本自体が持つ美しさを希求した「純粋造本」という概念を確立し、野田書房本の理論的支柱となった。さらに白水社で山内訳の『窄《せま》き門』（今回展示の二番）を手掛けた江川正之が江川書房を起こすなど、野田書房に江川書房、戦後の細川書店を加えた、簡素な中にも美しい本づくりにも大きな影響を与えた。

今回は、山内義雄の翻訳と随筆類、それに若干の旧蔵書を展示する。

（一）『チボー家の人々』（新潮社、一九六〇年）

戦後、青少年に最も広く読まれた大河小説の一つ。現在四、五〇歳以上の日本人の多くがこの作品に没頭した時期があるのではないか。小中学生向けに要約された『チボー家のジャック』も、一〇代前半の多くの読者を得た。山内はこの訳業で、芸術院賞を受賞している。翻訳権を獲得している白水社からは、一九五八年の総革装天金の特製本から、最近では手軽な新書版のUブックス版まで、様々な形のものが出版され、多くの版を重ねている。白水社以外のものは珍しいが、ここでは新潮社の『新版　世界文学全集』を展示した。月報には、版権を有する白水社への謝辞が記される。

（二）『窄き門』（白水社、一九三一年）

ジイドの作品のうち、『田園交響楽』と並んで日本で最も愛読されたもの。かつて一〇代、二〇代の読者にとっては、アリサ、ジュリエット、ジェロームという名前は特別な響きを持っていた。ダイヤモンドよりもエメラルドよりも、アメジストが大きな輝きを持っていた時代があったのである。

展示したのは、白水社の一九三一年の限定版である。限定番号三八六。装丁と挿絵は東郷青児が担当している。本書の造本もすばらしいが、この六年後に野田書房が刊行した限定本の『窄き門』は、野田本、純粋造本の代表的な作品として更に評価が高い。

（三）『贋金つかい』（新潮社、一九七〇年）

非小説的要素や特定の視点を設定することを排除して、「純粋小説」を目指したジイドの意欲作。

輻輳する人間関係と、複線的に展開する筋立てに大きな特徴がある。本作品の扉には「深き友情のしるしとして、わが最初のロマン（小説）を献ず」との、マルタン・デュ・ガールへの献辞が記されており、ジイドの意のあるところを知ることができる。

『狭き門』と共に、各種文学全集の定番的作品であるが、ここでは『新潮世界文学』を展示した。このシリーズは第四回卒業生の米倉テルミさんの寄贈によるもの。先輩のありがたい御好意を、若い後輩たちも大いに活用して貰いたいものだ。

（四）『遠くにありて』（毎日新聞社、一九七五年四月）

プルースト、ジイド、デュ・ガール、クローデル、堀口大學のことから、音楽のこと、書物のこと、身辺雑記までなどを達意の文章で綴った、山内の随筆集。初出が示されていないのがやや残念であるが、帯に「遺稿集」と記され、「あとがき」に緑子夫人が本書の経緯を記している如く、没後の刊行であればやむを得ないかもしれない。

展示したのは、緑子夫人から、文芸評論家の保昌正夫に献呈されたもの。保昌の手と思しき字で、初出が多少書き込まれている。保昌は、本書が講談社学術文庫に再録されるときに、山内の年譜を作製している。保昌自身も、二〇〇二年一一月二〇日に七七歳で死去。山内の旧蔵書と保昌の旧蔵書がこうして本学の図書館で再会を果たしたのである。いささかの感慨を禁じ得ない。

（五）『翻訳者の反省』（日本古書通信社、一九九五年一二月）

「こつう豆本」シリーズの一冊。（四）の随筆集に漏れた山内の文章五編を集めたもの。編集にあたった保昌正夫の「添え書き」が巻末に付される。江川本・野田本・純粋造本に言及した貴重な文章「僕の蔵書・僕の愛蔵書」が本書に収められ、読みやすい形になったのはありがたい。さすがに保昌の仕事である。

展示したのは、限定二五〇部、革装の特製本である。表紙にはジイドのサインが、外箱には同じくサインとジイドの肖像が描かれている。

（六）扇谷正造編『父から娘に贈る言葉―愛と人生のかたみ―』（青春出版社、一九六六年一月）

青春新書の一冊。六〇年代には、編者を初めとして、亀井勝一郎、河盛好蔵、古谷綱武らによって、このような人生論めいた著述が多く出された。山内は、（四）に再録された「うるさいパパの胸のうち」を寄せている。本書には、英文学者西村孝次をはじめ、中原淳一、南部圭之助、菅原通済等々の多彩な顔ぶれが並ぶ。自民党幹事長時代の田中角栄元総理（当時四八歳）が、早稲田大学在学中の田中真紀子元外相（当時二二歳）の姿を生き生きと描出しているのは特に面白い。のちに社会党（社民党）の論客となる田英夫もニュース解説者の当時の肩書きで寄稿している。

（七）堀口大學翻訳『ドルジェル伯の舞踏会』（白水社、一九五二年一二月）

『肉体の悪魔』で知られる、早世の天才作家レイモン・ラディゲの代表作の一つ。白水社からは、一九三一年に同じ堀口大學の訳で、東郷青児の装丁・挿絵入りの豪華本も出されている。本書は、『白水社世界名作選』のシリーズの一冊。同叢書は一九五二年から五六年にかけて刊行されたもので、フランス文学を中心に、コンパクトな造本で名作の普及をはかったもの。展示したのは、翻訳者の詩人堀口大學から山内に献呈されたものである。

（八）　青柳瑞穂翻訳『マリ・ドナディユ』（白水社、一九五三年五月）

『ビュビュ・ド・モンパルナス』で知られるシャルル・ルイ・フィリップが、同書の三年後に発表したもの。（七）と同じシリーズの一冊である。展示したのは、翻訳者の仏文学者・詩人であり、古美術蒐集家としても名高い青柳瑞穂から山内に献呈されたものである。

青柳瑞穂は、ピアニストの青柳いづみこの祖父。ピアニストには中村紘子・仲道郁代など文才も併せ持った才媛が多いが、第九回吉田秀和賞受賞の『翼のはえた指　評伝安川加壽子』のほか、『ショパンに飽きたら、ミステリー』『無邪気と悪魔は紙一重』など多くの著書を持ち、朝日新聞書評欄も担当した青柳いづみこは別格。祖父の文才を受けついでいるのであろう。祖父の評伝『青柳瑞穂の生涯—真贋のあわいに』（二〇〇〇年、新潮社、第四九回日本エッセイスト・クラブ賞受賞）も卓越した文章力で読ませるが、同書一九三ページには、この年五三年の祖父の日記に、『マリ・ドナディユ』の書名が見えると記されている。

（九）　伊吹武彦翻訳『サルトル』（人文書院、一九五七年一一月）

『サルトル全集』を刊行している人文書院が、永遠の作家叢書の一冊として刊行したもの。原著者はフランシス・ジャンソン。翻訳者の伊吹武彦からの献呈本である。

（一〇）　酒枝義旗『さまよう魂の告白』（待晨堂、一九六二年一二月）

経済学者でキリスト者の酒枝が、信仰の道に至る自己の前半生を振り返ったもの。酒枝義旗は山内義雄より四歳年少。約四半世紀、山内と同じく早稲田大学で教鞭をとった。本書は酒枝から山内への献呈本である。
（第七回福岡女子大学附属図書館所蔵資料展・二〇〇三年七月～八月）

八、小津安二郎をめぐって (1)

本年、二〇〇三年は、日本映画界最大の巨匠、小津安二郎の生誕一〇〇年、没後四〇年に当たる。この節目の年にふさわしく、東京国立近代美術館フィルムセンターでの全作品上映、松竹・フィルムセンター・国際交流基金・朝日新聞社共催の記念国際シンポジウム、更には、海外の映画祭での記念イベント、国内の大学やコミュニティ・カレッジなどの記念講座などが目白押しである。もちろん、DVDをはじめとする映像ソフト、俗に小津本と呼ばれる様々な出版物も多数刊行されるであろう。

小津安二郎の作品は、日本文化を論ずるときに避けて通れない存在であるから、本学図書館でも、比較的多数の小津安二郎関係図書を所蔵している。「秋日和」「小早川家の秋」「秋刀魚の味」と最晩年は人生の秋を描き続け、一二月一二日に生まれそして去った小津安二郎へのオマージュとして、今回と次回は、小津安二郎をめぐる様々な図書資料を展示したい。今回は、解説が長くなったので、親しみやすいものを中心に点数を絞り、次回は比較的資料性の高いものを中心に、点数を多く展示する予定である。

（一）　高橋治『絢爛たる影絵―小津安二郎』（文藝春秋、一九八二年）

数ある小津本の中でも、最高傑作の誉れ高いものである。「東京物語」の助監督につくなど、絶頂期の小津を身近に見ていた高橋が、丹念な取材を基に、現代の作家の中でも屈指の文章力で描ききったもの。当初の「小説　小津安二郎」という副題の示す如く、高橋というファインダーを通した小津像であるが、凡百の伝記や評論が足元にも及ばぬほどの内容を含む。今後も本書を越えるものは出ないのではないか。様々な逸話の向こうに立ち上がる小津像は、圧倒的な存在感を示している。これらの多くの逸話が後続の小津本でも繰り返し言及されるのも故なしとしない。浜野保樹『小津安二郎』（岩波新書）が本書の呪縛から逃れ得なかったのも無理からぬ事である。

表紙、見返し、扉に「東京物語」の撮影台本のシーン一五七から大尾のシーン一七六までを配した造本も見事で、映画のクレジット・タイトルに見立てた帯も洒脱。ここでは、この文藝春秋版とともに、異装版として、菊池信義装丁の講談社版も併せて展示した。こちらは、二〇〇三年三月、小津の生誕一〇〇年に際して、改訂復刊されたもの。

（二）『小津安二郎を読む　古きものの美しい復権』（フィルムアート社、一九八二年）

高橋治が、前掲書のあとがきで触れているように、小津安二郎の作品を解説した書物の中で、特に完成度の高いもの。ストーリー、解説、データ、批評、再現、小津映画に関わった人々等々からなり、これだけで二〇〇ページを越える「小津安二郎全映画」は圧巻。ただ人物解説で山内静夫の生年を不明としたのはご愛敬か。小津映画を構成する様々な要素を分析した「小津事典」や、「晩春」「東京物語」などの代表シーンのコンテの分析なども有益。他に、関係文献など。『ベルイマンを読む』『ヴィスコンティ集成』などの「ブック・シネマテーク」の一冊。

(三)　井上和男『陽のあたる家　小津安二郎とともに』（フィルムアート社、一九九三年）

「蛮」の愛称で小津にかわいがられ、小津文献の基本といわれる『小津安二郎・人と仕事』（一九七二年）を、蛮友社から刊行した井上和男は、小津の伝記映画「生きてはみたけれど・小津安二郎伝」を作成したが、その時の聞書を刊行したもの。大島渚宛の献呈本が古書目録に掲出されたこともある。また『人と仕事』の刊行会の代表は、里見弴の子息で「早春」以降、小津作品のプロデュースを担当した山内静夫であるが、山内の近刊の『松竹大船撮影所覚え書　小津安二郎監督との日々』（かまくら春秋社、二〇〇三年六月）は、最も新しい小津本の一つ。

(四)　笠智衆『俳優になろうか』（日本経済新聞社、一九八七年）

「一人息子」「父ありき」をはじめとして「晩春」「麦秋」「東京物語」を経て「秋日和」「秋刀魚の味」まで、小津作品のほとんどに出演した笠の回顧録。日本経済新聞の「私の履歴書」に連載されたものに増補したもの。人柄そのままの飾らぬ穏やかな語り口が最大の魅力である。「早春」撮影後、小津、笠、里見弴らが、博多、二日市、長崎を漫遊した話などは特に面白い。表紙の写真は、笠の小津作品の代表作「父ありき」である。

(五)　笠智衆『大船日記　小津安二郎先生の思い出』（扶桑社、二〇〇一年）

「父ありき」の役名は堀川周平であったが、以降、小津作品の笠の役名には、周平、周吉という名前が多くなる。小津の遺作「秋刀魚の味」の役名も周平であった。原節子の紀子と共に、小津作品を象徴する人名といえよう。その笠が、再度、小津の思い出を語ったもの。書名にふさわしく、章題には、「俳優にはなったけれど」「先生ありき」「小津組紳士録」「お母さまの彼岸花」「別れの味」など、小津作品のタイトルの引用が随所に見られる。前掲書と共に、題字も笠自身のもの。裏表紙の写真は、「麦秋」撮影中のスナップ。日本映画がもっとも輝いていた時代の記念でもある。

（六）　三上真一郎『巨匠とチンピラ』（文藝春秋、二〇〇一年）

小津の遺作『秋刀魚の味』で笠が最後の周平を演じたときに、息子に扮したのが三上真一郎である。晩年の小津にかわいがられた役者の一人である。小津と三上というのは、一見意外な組み合わせのようにも見えるが、破天荒ながら、気取らずおもねらず、自然に振る舞うことのできる三上に、役者ではない若者の姿を見ていたのではないか。「巨匠とチンピラ」という書名は、もちろん三上自身の命名だが、言い得て妙である。文章も意外にうまく、ダイヤ菊の熱燗の味と言ったところか。晩年の小津の面影を最も良く伝える。

（七）　中井貴恵『父の贈り物』（文化出版局、一九九一年）

小津に最もかわいがられた男優が佐田啓二であるのは周知のことである。その佐田が、小津の死から約九か月後、まるで小津の後を追うように急死したのは、昭和三九年八月のこと。当時、貴恵は六歳、弟の中井貴一はまだ二歳だった。その貴恵が娘の誕生を契機に父の思い出を綴ったのが本書である。小津は貴恵を自分の孫のようにかわいがり、貴恵が母に叱られていると洗面所で小津が目を赤くしていた話は、『絢爛たる影絵』にも見えるが、本書の「小津先生の思い出」にも記される。ほかに「小津先生と父の看護日誌」など。

（八）　浦辺粂子『映画道中無我夢中』（河出書房新社、一九八五年）

大正末期から三〇〇以上の出演を誇る名バイプレイヤー浦辺粂子は、「早春」「東京暮色」に出演している。「オー！　ノギク」の章には、簡略ながらその辺りの事情が記されている。日本映画の没落直前の溝口健二の死に際して「「溝さんはいいときに死んだよ」そう、小津先生はおっしゃったそうです」の一文は、やはり『絢爛たる影絵』にも見える逸話。小津に言及する部分は少ないが、浦辺独特の伝法な語り口が魅力の怪著である。

（九）　青木富夫『子役になってはみたけれど　小説突貫小僧一代記』（都市出版、一九九八年）

怪著といえば、本書を逸することはできない。「生まれては見たけれど」の弟役で印象的な、突貫小僧こと青木富夫が文字通り波瀾万丈の生涯を回顧したもの。小津への言及は多くはないが、青木と小津の最初の出会いを描いた峰岸達のイラストを見るだけでも面白い。芸名の由来ともなった、映画「突貫小僧」はネガもプリントも失われたと思われていたが、約二〇分にあたる部分が発見され、「突貫小僧　大いに語る」などを併録して、『小津の「突貫小僧」が見つかった！』としてビデオソフトが市販された。なお、「長屋紳士録」の幸平役で、おたねの飯田蝶子を相手に好演した青木放屁は、富夫の異父弟。

（一〇）　筑紫哲也『筑紫哲也の小津の魔法使い』（世界文化社、一九九九年）

三上真一郎の前掲書には「小津の魔法使い」という一章があるが、書名に使用したのが本書。刊行はこちらの方が早い。もっとも本書は五つのパートからなるが、小津関連はそのパート一の部分のみである。内容的には、約二〇ページに及ぶ小津への架空インタビュー対談が面白い。ただし、ここで筑紫のインタビューに答えている小津は、やや理屈っぽく饒舌すぎるような気がする。筑紫もそこは承知の上で、一方で小津に「自分のことを饒舌に語るのはぼくの性にあわないんだ」と述べさせている。

（一一）　三重県飯高町編『葉書エッセイ　出来ごころ』（ネスコ・文藝春秋、一九九七年）

小津は、青年時代に代用教員として、三重県飯高町の小学校で教鞭をとった。その時の教え子たちは今でも「オーヅ先生」と呼び、小津の人柄を懐かしんでいる。その飯高町が、小津安二郎を顕彰するとともに、町政四〇周年記念事業の一環として「小津安二郎・青春のまち大賞」を創設した。そして全国から葉書エッセイを募集し、優秀作品で一冊を編んだもの。なお、教え子たちの「飯高オーヅ会」のことは、三上の前掲書で暖かい筆致で述べられている。

（第八回福岡女子大学附属図書館所蔵資料展・二〇〇三年九月〜一〇月）

九、小津安二郎をめぐって (2)

(一)『デジタル小津安二郎』（東京大学総合研究博物館、一九九八年）

同題の展示のために、東大で作成された極めて充実した図録。編者には当然蓮實重彦の名がある。本学の前回の展示図書、高橋治『絢爛たる影絵』の装丁と対比させるために、「東京物語」の小津自身が使用した台本の写真が掲載されている部分を示した。監督使用台本は、「東京物語」全ショット一七三二点を再現したユニークな『小津安二郎　東京物語』（リブロポート、一九八四年）に全ページ写真版で収載されている。本書はサブタイトルに「キャメラマン厚田雄春の視」とあるように、厚田旧蔵の一級資料の公開でもある。

(二)　井上和男編『小津安二郎全集（上下）』（新書館、二〇〇三年）

小津安二郎が監督をした全五四作品のうち現存する四七作品を中心に、脚本や関連資料をほぼすべて網羅したもの。散佚した「懺悔の刃」から遺筆ノートの「大根と人参」まで全作品が収められる。二〇年前に井上が同様の企画をした『小津安二郎作品集』（立風書房、一九八三年）が全四巻ながら代表作品二七作品に限定していたから、今回が実質的な全集である。ただ脚本はいずれも決定稿のみの収載であるから、「東京よいとこ」（「一人息子」）や「お茶漬の味」など改変された脚本の収録が今後の課題であろう。

（三）　佐藤忠男『小津安二郎の芸術』（朝日新聞社、一九七八年）

幾多の論考が積み重ねられてきた小津安二郎論を、一九六三年の小津の逝去を起点に、約十年余ごとに、仮に三期に分けてみれば、その第一期を代表する著述。初版は、一九六九年、A五判、三六六ページ。後に増補されて、七八年に朝日選書版（上下二冊）、二〇〇〇年に朝日文庫版（『完本　小津安二郎の芸術』）が刊行される。ここでは最も普及した、朝日選書版を展示した。上巻の帯は、『彼岸花』の有馬・田中・佐田・山本である。

（四）　蓮實重彦『監督小津安二郎』（筑摩書房、一九八三年）

第二期を代表すると共に、小津再評価の流れを決定的にした書物。本書を皮切りに、蓮實は数々の小津論を著していくが、中でも、小津映画の最高の語り部の厚田雄春の協力を得た『小津安二郎物語』（筑摩書房、リュミエール叢書の第一冊！）が出色。本書は、九二年にちくま学芸文庫版となり、二〇〇三年に六〇ページ以上を増補した増補決定版が出た。井上雪子へのインタビューを読むと、「美人哀愁」のフィルムの発見が切望される。

（五）　田中真澄『小津安二郎周遊』（文藝春秋、二〇〇三年）

資料性の横溢した重厚な『小津安二郎（一九三三～一九四五）』（泰流社、一九八七年）、『小津安二郎戦後語録集成』（フィルムアート社、一九八九年）、『全日記小津安二郎』（同、一九九三年）から、四六判三〇〇ページ足らずの小冊子に見事に小津の息づかいを封じ込めた瀟洒な『小津安二郎『東京物語』ほか』（みすず書房、二〇〇一年）まで、近時（第三期）最も目覚ましい動きを見せる田中の近著。

小津生誕一〇〇年は、本書の刊行の年として記憶されても良い。

(六)　小津安二郎、池田忠雄『戸田家の兄妹　他』(青山書院、一九四三年)
小津安二郎、野田高梧『お茶漬の味　他』(同、一九五二年)

小津の代表的な作品を集めたシナリオ集。前者には、戦前の小津の作品の掉尾を飾る「戸田家の兄妹」と「父ありき」が、後者には、「お茶漬の味」の他、戦後の小津の復活を告げる「晩春」「麦秋」とが収められている。装丁も小津安二郎自身の手になる。

(七)　岸松雄『日本映画様式考』(河出書房、一九三七年)
筈見恒夫『映画の伝統』(青山書院、一九四二年)

前項に関連して、小津の装丁書を二冊。前者は、山中貞雄の最も良き理解者としても知られる岸の第二批評集。喜八物や「大学よいとこ」などの鋭い小津論がある。「春は御婦人から」の井上雪子に関してはやや手厳しい。筈見は、小津との親交も特に厚く、小津が戦地から筈見に宛てた絵葉書や封書は今日も残っている。当該書には、「戸田家の兄妹」「父ありき」などの小津論が再録されている。

(八)　『文藝別冊　総特集小津安二郎』(河出書房新社、KAWADE夢ムック、二〇〇一年)
『今村昌平のええじゃないかエッセイ』(アシーネ、一九八一年)

高橋治が「東京物語」の助監督となったのは、今村昌平の母の急死による代役であった。小津の戦後の代表作である、いわゆる紀子三部作の「晩春」「麦秋」「東京物語」の最下位助監督に、斎藤武市、今村昌平、高橋治という錚々たる顔ぶれがいたのはやはり映画の黄金時代であったためか。「文藝別冊」の方には、斎藤へのインタビューの他、シスゴール「九時から九時まで」、広津和郎「父と娘」などが収められ貴重。映画同様、露悪的な表現が持ち味の今村書には「花嫁の父となる級友に想うわが師小津」の一文がある。

（九）　大島渚『体験的戦後映像論』（朝日新聞社、朝日選書、一九七五年）

篠田正浩『闇の中の安息』（フィルムアート社、一九七九年）

『監督、撮らずに観る』（ステレオサウンド、一九九七年）

六〇年安保前夜「鳩を売る少年（原題）」を完成させるにいたる、大島の体験的映画論は出色であるが、レジスタンスや反スターリニズムまでの時代を含む疾風怒濤の映画史の冒頭近く「廃墟のなかで」で密かに語られる小津への畏敬の念は、より一層鮮明である。切れ味鋭い篠田の評論集『闇の中の安息』には、小津に言及する「私の映画修行」が含まれ、最晩年の、そして最後の小津の姿を無気味なまでに析出する。

（一〇）　ドナルド・リチー『小津安二郎の美学　映画の中の日本』（現代教養文庫、一九九三年）

小津の良き理解者は海外にも多い。「東京画」の監督ヴィム・ヴェンダースをはじめ、『聖なる映画』（フィルムアート社、一九八一年）のポール・シュレイダー、『小津安二郎　映画の詩学』（青土社、一九九二年）のデヴィッド・ボードウェルなどがその代表だが、ここでは小津再評価に大きな影響を与えたドナルド・リチーの著述を展示した。元版は、フィルムアート社から一九七八年に刊行されている。

(一一)　馬場真人『銀座広告社第一制作室』(講談社、一九九六年)

上述のヴィム・ヴェンダースから川又昂、山内静夫が顔を出す、異色のドキュメント・ノベル「小津の徳利」を含むのが本書。間接的ながら原節子も登場している。原節子に関しては、いくつかの文献があるが、中でも異色であるのは、片岡義男の『彼女が演じた役　原節子の戦後主演映画を見て考える』(早川書房、一九九四年)である。ここでは、同じく異色の映画史『映画を書く　日本映画の原風景』(文春文庫、二〇〇一年)を展示した。

(一二)　貴田庄『小津安二郎東京グルメ案内』(朝日文庫、二〇〇三年)

『いま、小津安二郎』(小学館、ショトル・ライブラリ、二〇〇三年)

一〇年前の小津生誕九〇年の時との違いを挙げれば、小津作品のみならず、小津安二郎その人への興味が強まってきたことである。ますます神格化が進んだのか、それとも、笠智衆(という人物)として生きた人、原節子(という人物)として今なお生きる人を欲してやまぬ社会は、今度は小津安二郎という偶像を生きた人を捜しているのであろうか。前者は、『小津安二郎の食卓』(芳賀書店、二〇〇〇年、後にちくま文庫)の著述のある貴田が、より平易に書いたもの。後者は、お洒落と美食を追求する、サライの別冊シリーズらしい一冊。

(一三)　『キネマ旬報』(一九六四年一月)

『映画春秋』(一九四八年五月)

『イメージフォーラム』(一九八三年八月)

小津や小津作品に言及した雑誌は膨大な数に上るが、ここではそのうちのごく一部を取り上げた。「小津安二郎監督逝く」の『キネマ旬報』と、「しなりお　風の中の牝鶏」を掲載する『映画春秋』、そして、後に『小津安二郎の反映画』（岩波書店、二〇〇〇年）を世に問うことになる吉田喜重へのインタビューが載る『イメージフォーラム』である。

（一四）　三重県飯高町編『ハガキエッセイ　けんか友だち』（飯高町、二〇〇〇年）ほか。
吉村英夫『松竹大船映画』（創土社、二〇〇〇年）

今回も「飯高オーヅ会」のある、三重県飯高町の「小津安二郎・青春のまち大賞」の応募作で編纂された、暖かい小冊子で締めくくろう。書名は、小津の初期の佳作「和製喧嘩友達」によるものである。三重県・教鞭という連想で、吉村の著作もここに挙げておく。小津論の他に、木下恵介、山田太一、山田洋次らも論じている。（第九回福岡女子大学附属図書館所蔵資料展・二〇〇三年一一月～一二月）

一〇、署名本・サイン本の世界（1）

書物には著者自身の署名やサインが入っているものがある。形態的に二つに分ければ、謹呈札や署名箋あるいは和紙など、別の紙に署名したものを挟み込む場合と、書物の見返しの部分などに直に書く場合、古典籍の言葉で言えば「打ち付け書き」とがある。内容的には、宛先・献呈先の名前が記される場合と、署名のみの場合に大別される。本学所蔵の資料の中から、署名本をいくつか選びだしてみた。なお、過去の資料展でも、署名本が多少含まれていたが、今回はそれらとは重複しないものを選んだ。

(一)　糸井重里・村上春樹『夢で会いましょう』(冬樹社、一九八一年)

謹呈札に糸井重里のサイン入り。村上春樹の署名本は少ないので、春樹の署名であれば一層貴重であった。村上春樹は懐の深い作家であるために、共著にも面白いものが多い。本書や、近時話題を呼んだ河合隼雄との共同作業もそうであるし、圧巻は川本三郎とのコンビの『映画をめぐる冒険』(講談社、一九八五年)である。いわゆる「映画ビデオのカタログ」(あとがき)であるが、短い文章の中に、作品の本質をズバリと言い当て、類書の中で群を抜く。俗っぽい表現をすると二人とも「映画の達人」だからなのだが、こうなると、原作・フィッツジェラルド、脚本・村上春樹、音楽・久石譲、監督・川本三郎で、『マイ・ロスト・シティ』を作ってほしいものだ。コピーはもちろん糸井重里。鬼束ちひろの「私とワルツを」は「トリック」よりもこちらの主題歌にこそふさわしい。

(二)　市川房枝『私の政治小論』(秋元書房、一九七二年)

同時出版の『私の婦人運動』と共に、市川の記念すべき最初の著述である。戦前・戦後を通じて婦人運動の先頭を走り続け、一九五三年からは理想選挙を掲げ、参議院東京地方区で三選を果たしてきた市川だが、七一年の参議院議員選挙では四選が叶わなかった。しかしそのことは、市川に多少の時間のゆとりを与え、貴重な証言集の刊行へとつながった。因みに、市川は七四年の参議院選挙では全国区に転じ、全国二位での高得票で復活を果たすが、その時に選挙の事務長を務めたのが菅直人民主党代表（〇四年当時）である。

（三）井出孫六『アトラス伝説』（冬樹社、一九七四年）

こちらは、三木武夫内閣で官房長官を務めた自民党の直言居士で三木派の大番頭でもあった井出一太郎の弟、井出孫六の代表作。第七二回直木賞受賞作でもある。第一作の『秩父困民党群像』から、中国残留孤児の問題を扱った『終わりなき旅』（第一三回大佛次郎賞）まで、井出の著作はすぐれて今日的な価値を持つ。

（四）福田章二『喪失』（中央公論社、一九七〇年）
庄司薫『ぼくが猫語を話せるわけ』（中央公論社、一九七八年）

一九六九年の芥川賞受賞作『赤頭巾ちゃん気をつけて』は直ちに大ベストセラーとなり、続編『さよなら怪傑黒頭巾』『白鳥の歌なんか聞こえない』（四部作の掉尾『僕の大好きな青髭』のみ大幅に完成が遅れる）を含めて、薫クンブームとも呼ぶべき社会現象を招来した。映画化、テレビ映像化も相次いで行われた。中央公論社はドル箱の一つ『日本の文学』のシリーズを装丁を改めて〈アイボリー・バックス〉として刊行するが、その時の宣伝には、東宝映画『白鳥の歌なんか聞こえない』の本田みちこを起用しているほどである。ところで庄司は、芥川賞受賞の十年前に、福田章二の本名で発表した『喪失』で中央公論新人賞を受賞している。庄司薫ブームは同書の再刊ともなった。「庄司薫」のサインは比較的多いが、「福田章二」の署名は貴重である。なお、『喪失』の装丁は安野光雅、『僕が猫語を話せるわけ』の方は、夫人のピアニスト中村紘子の手になるもの。

（五）　沢木耕太郎『若き実力者たち』（文藝春秋、一九七三年）
『敗れざる者たち』（文藝春秋、一九七六年）

『テロルの決算』（大宅壮一ノンフィクション賞）、『一瞬の夏』（新田次郎文学賞）という傑作を持ちつつも、やはりこの初期の二作品を代表作といってしまうのは、沢木耕太郎にとっては酷であろうか。『若き実力者たち』に収められた人物たちの何人かの、その後の散文的な生き方を見ると、沢木もまた同じ宿痾《しゆくあ》に取り憑かれているような気がする。脚光を浴びることの恐ろしさというべきか。その点、敗者の美学を極限まで見据えた『敗れざる者たち』は、時代に風化されないものを持っている。勝者は光を失うが、敗者は輝き続ける、ということなのであろうか。なお『バーボン・ストリート』の著述もある沢木は、好んで「酒盃をほして（乾して）」という文句を添える。

（六）　小田実『風河』（河出書房新社、一九八四年）

署名は、サイン会などの時に不特定多数のためになされることもあれば、特定の人物に献呈する際になされることもある。本書も、著者からの献呈本であろうが、謹呈札の宛名の部分を切り取っているのである。従って奇妙な形の札になっている。基本的に、古書店などで売買される場合、同じ著者の、同じ本の署名であれば、有名人宛の謹呈→宛名のない署名→無名の人宛の謹呈、の順に価格が落ちるから、宛先を削る場合がある。もちろん所蔵者が本を処分する際に、自らが削除することも多い。

また、署名箋型よりも打ち付け書き型の方が価値が高い。

（七）ロジェ・マルタン・デュ・ガール『チボー家の人々』第四巻「美しき季節　下巻」（白水社、一九三九年）

『チボー家の人々』がまた何度目かのブームらしい。「懐かしの黄色い本として甦」（白水社の惹句）って書店の平台に積んであった。小津安二郎の生誕一〇〇年でしばしば上映される『麦秋』の中で、原節子が言及することも影響があるのだろうか。高野文子のコミック『黄色い本』の波及効果かもしれない。ともあれ、現在の世界情勢を考えると、人類の繙くべき本と言っても良い。本書は端本《はほん》であるが、ノーベル文学賞受賞の翌々年の刊行で、帯も、挟み込みの付録もハガキも完備している貴重なもの。翻訳者の山内義雄の署名入り、謹呈先の「小泉次郎」は未詳。『チボー家の人々』は、六〇年代の特製本も所蔵しているので併せて展示する。こちらは署名本ではない。

（八）中野好夫『問題と視点―私の時評―』（角川書店、一九五九年）
森本哲郎『神々の時代』（弘文堂、一九六〇年）

謹呈先の明示されているものを二点掲出した。随分異なった読後感を与えられる二冊の本であるが、それぞれに六〇年前後の日本の雰囲気を伝えているものである。中野の著書は、経済学者都留重人に献呈されたもの。森本の著書は、女優有馬稲子に謹呈されたもの。有馬稲子は、角川書店カスタム版『昭和文学全集』の内容見本の表紙に使用されるなど、当時のインテリ女優の代表格であった。谷崎潤一郎が愛蔵限定版の『新訳源氏ものがたり』（中央公論社、一九五五年当時、揃定価一五〇〇〇円という高価なもの）を刊行したとき、第壹番本は有馬稲子に献呈されているのである。

（九）　山本有三『山本有三自選集』（集英社、一九六七年、限定一〇〇〇部）

三浦哲郎『忍ぶ川』（青娥書房、一九七二年、限定七〇〇部）

集英社の自選集シリーズは、谷崎・志賀・川端・三島・武者小路・井伏・靖らに自作を選ばせ、署名を添えて限定出版の特製本として刊行したもの。通常の限定本より部数が多く（志賀以外は一〇〇〇部）価格も低めに設定していたから、限定本の大衆化路線とでも言えようか。ただ谷崎は刊行前に亡くなったために松子夫人の代筆。最晩年の山本のものは刊行も遅れ、署名入りと署名なしとが混在する。限定・著者自筆署名入りが売り文句のこのシリーズでは、署名なしも面白いので展示をした。限定番号四二三番。

三浦の『忍ぶ川』はもともと署名入りを謳ったものではないが、限定番号の若いものには見返しに署名の入ったものが多い。これは四二三番本で無署名本だが、限定本の同一番号を揃えるのはなかなか難しいので、『山本有三自選集』と並べて展示する。新本燦根の挿画も味わい深く、ラスト・シーンも冬の展示にふさわしいだろう。

（第一〇回福岡女子大学附属図書館所蔵資料展・二〇〇四年一月～二月）

一一、署名本・サイン本の世界 (2)

一月中旬に発表され、二月に贈呈式が行われた、第一三〇回芥川賞・直木賞は、芥川賞の綿矢りさ・金原ひとみの二人が揃って最年少記録を書き換え、直木賞は京極夏彦・江國香織という実力派が揃って受賞ということで、近年以上に大きな話題となった。そこで今回は、過去の芥川賞・直木賞などの受賞者の署名本をまとめてみた。作家自身の署名や墨跡は、早くから重視され、文学全集などでは、扉の見返しや、口絵の部分に写真版が記されることが多い。六〇年代後半には、講談社『われらの文学』のように、ローマ字による署名で統一した全集も現れた。京極は作品の傾向から墨筆の署名が似合うような気がするが、若い綿矢や金原はどのような署名をするのだろうか。

(一)　村田喜代子『鍋の中』(文藝春秋、一九八七年)

村田喜代子は、一九四五年福岡県生まれ。八七年本作品で第九七回芥川賞。その特異な幻想的な世界は読者を魅了した。以下、『白い山』で女流文学賞、『蟹女』で紫式部文学賞、『望潮』で川端康成文学賞など受賞多数。二〇〇二年の『雲南の妻』も大きな話題を呼んだ。梅光学院大学における文芸・創作コースの指導や、朝日カルチャーセンター北九州の「名文を書かない文章教室」も定評のあるところである。

(二)　三浦哲郎『野』（文藝春秋、一九七四年）

三浦哲郎は、一九三一年青森県生まれ、早稲田大学卒業。一九六〇年『忍ぶ川』で第四四回芥川賞。六一年『拳銃と十五の短篇』で野間文芸賞、六三年『少年讃歌』で日本文芸大賞と立て続けに受賞。『忍ぶ川』は発表当初から何回も映画化の計画があったが、いずれも実現せず幻の企画と呼ばれていたが、志乃に栗原小巻を得て、熊井啓監督、加藤剛共演で七二年に東宝が映画化。『忍ぶ川』の特製本は前回展示した。本書は、三浦らしいみずみずしい感性にあふれた短編集。

(三)　丸谷才一『桜もさよならも日本語』（新潮社、一九八六年）

丸谷才一は、一九二五年山形県生まれ、東京大学卒業。六八年『年の残り』で第五九回芥川賞受賞、七二年『たった一人の反乱』で谷崎潤一郎賞、七四年『後鳥羽院』で読売文学大賞を受賞。大野晋との共著『光る源氏の物語』ほか、近作の『輝く日の宮』も話題を呼んでいる。本書をはじめ、日本語についての発言も多い。

(四)　大庭みな子『寂兮寥兮《かたちもなく》』（河出書房新社、一九八二年）

大庭みな子は、一九三〇年東京生まれ、津田塾大学卒業。六八年『三匹の蟹』で第五九回芥川賞を丸谷と同時受賞。本書は「『三匹の蟹』以来一五年の全成果を結晶させた」と帯に記された中期の代表作。著者自身の手になる装丁も実に味わい深いものがある。函の題字ももちろん著者の自筆をあしらったもの。署名の筆跡と比較してほしい。

(五)　木崎さと子『青桐』（文藝春秋、一九八五年）

木崎さと子は、一九三九年旧満州生まれ。東京女子大学短期大学部卒。一九八〇年『裸足』で第五一回文学界新人賞受賞、一九八五年に本作品で第九二回芥川賞受賞。近刊に『緋の城』（新潮社）。『ビジュアル版　聖書物語』（講談社）『誕生石物語』（河出書房新社）なども根強い人気がある。

（六）　笠原淳『杢二の世界』（福武書店、一九八四年）

笠原淳は、一九三六年神奈川県生まれ、法政大学中退。一九六九年『漂白の門出』で第一二回小説現代新人賞。一九八四年に本作品で第九〇回芥川賞受賞。他に『十五歳夏』『茶色い戦争』（共に新潮社）など。現在法政大学文学部教授。

（七）　原尞『天使たちの探偵』（早川書房、一九九〇年）

原尞は、一九四六年佐賀県生まれ、九州大学卒業。レイモンド・チャンドラーに心酔し、私立探偵沢崎を主人公にした『そして夜は甦る』で日本における良質のハードボイルドの可能性を切り開き、八九年には『私が殺した少女』で一〇二回直木賞受賞。本書もまた沢崎を主人公とした短編集で、大きな評判を呼んだ。

（八）　大沢在昌『シャドウゲーム』（角川文庫、一九九八年）

大沢在昌は、一九五六年愛知県生まれ。慶応義塾大学法学部中退。九一年『新宿鮫』で日本推理作家協会賞、九三年発表の『新宿鮫　無間人形』で第一一〇回直木賞受賞。新宿鮫シリーズは大沢の作品の中でも、特に人気の高いもの。本書は、このシリーズに先行して八七年に刊行されたもので、その後、徳間文庫、ケイブンシャ文庫を経て、角川文庫から刊行されていることからも、こちらも人気の程が窺える。

(九)　藤原伊織『ひまわりの祝祭』(講談社、一九九七年)

藤原伊織は、一九四八年大阪府生まれ。東京大学卒業。九五年発表の『テロリストのパラソル』が、江戸川乱歩賞と第一一四回直木賞を同時受賞、大ベストセラーとなった。藤原は電通の社員で、華麗なる二足の草鞋も話題となった。本書は、乱歩賞・直木賞受賞第一作として書き下ろされたもの。

(一〇)　佐江衆一『遥か戦火を離れて』(角川書店、一九七六年)

佐江衆一は、一九三四年東京生まれ、文化学院卒業。一九九〇年『北の海明け』で第九回新田次郎文学賞、一九九六年『江戸職人奇譚』で第四回中山義秀文学賞受賞。一九九五年にＢｕｎｋａｍｕｒａドゥマゴ文学賞を受賞した『黄葉』は老いと介護をテーマにした秀作。佐江は文化学院では、大沢在昌の先輩にあたる。

(一一)　夏樹静子『重婚』(講談社、一九七八年)

夏樹静子は、一九三八年東京生まれ、慶応義塾大学卒業。一九六九年『天使が消えていく』が第一五回江戸川乱歩賞次席、七三年『蒸発』で第二六回日本推理作家協会賞、八九年『第三の女』でフランスの第五四回冒険小説大賞(ロマン・アバンチュール賞)ほか受賞多数。福岡市在住で一九九九年には西日本文化賞も受けている。

(一二)　高橋玄洋『興味津々』(創樹社、一九八五年)

高橋玄洋は、一九二九年島根県生まれ。脚本家。六七年『いのちある日を』で久保田万太郎賞受賞、七二年『繭子ひとり』で芸術選奨文部大臣賞受賞。本書は第一エッセイ集、「古人や禅僧の墨跡などに興味を持つ」（あとがき）作者らしく中川一政の装丁も含めて巧みな本づくりである。高橋の父は尾道市の教育課長で、小津安二郎が名作『東京物語』のロケ地探しに訪れたときに案内をした縁があることも本書に記されている。『東京物語』の笠智衆が尾道市の教育課長を定年退職した設定となっていることは周知の通り。

（第一一回福岡女子大学附属図書館所蔵資料展・二〇〇四年三月～四月）

一二、細川書店の本

終戦直後の諸物資の払底していた時期に、岡本芳雄という一人の書物を心から愛する人物によって、あの時代としては奇跡とも言ってよいような美しい本の数々が世に送り出された。細川書店本である。わずか一〇年足らずの短い期間であったが、戦後出版史を語るときに逸することのできない存在であり、その書物は、今日でも多くの愛書家や研究者の心を虜にしてはなさない。本学にも多少の細川書店本の所蔵があるので、今回は特集を組んでみた。なお、細川書店の本については、いまだ厳密かつ網羅的な書誌が作成されていないため、煩瑣であるがすべて売価を併記した。

（一）芥川龍之介『河童』（一九四六年八月二〇日、二四円）

細川書店の記念すべき第一冊目の出版物。本文用紙に青写真用紙七五斤、見返しにラシャ紙、表紙にケント紙一五〇斤を用いたのをはじめ、印刷・造本にさまざまな工夫を加え、終戦からわずか一年後の当時としては、奇跡的なほど美しい本の刊行が行われた。書物に対する「あふるるばかりの愛情」は、『源氏物語』を耽読する『更級日記』の作者のことばを引用しながら記された「細川だより一」の文章に見ることができる。

芥川の作品は、翌四七年に『地獄変』（一一月一〇日、八五円、函入り）、四八年に『奉教人の死』（七月五日、一〇〇円、帯付き）が刊行されている。『地獄変』は日本の限定本の中でも屈指の野田書房版があり、挿入の「細川だより　二四」でも野田版のこと、白木屋出版文化展に展示されていたことなどが記されるが、この細川書店版は野田版とはまた趣の異なった良さを持っている。扉に書名・著者名をゆったりと囲むように、四周が裏罫で空押しされているなど、ほっとするような安らぎを与えられる。『奉教人の死』は、扉では通常の黒色で書店名を、書名・作者名は薄紅色と使い分け、目次の紫色との調和もすばらしく、清楚な中にも美しさを希求した細川本の傑作の一つである。

（二）　武者小路実篤『第三の隠者の運命』（一九四六年九月二五日）

単行本としては二番目に刊行されたもの。本書刊行以前に、「大人の画本」（細川文庫とも）という小冊子のシリーズがスタートして、チエホフ『勲章』と伊藤左千夫『野菊の墓』の二冊が出版されている。叢書名から窺えるように、挿画入りのシリーズであるが、中でも一二ページの小冊子ながら、扉と「三井寺」「興義」以下一〇枚の棟方志功の挿画入りの『夢応の鯉魚』（四六年一二月二〇日、三円）がすばらしい。

さて本書の表紙、背表紙、扉題の文字は、いずれも武者小路自身の筆跡を使用している。上製函入り、定価二八円。コットン六〇斤の本文用紙をはじめ、印画紙の表紙、見返しの麻紙、扉の手漉き障子紙など極めて美しく、用紙事情の悪い当時にこれだけの本を出し得たことは驚嘆に値する。本資料は特に保存が良く、当時の美しさを今日に伝えている。

（三）　中野重治『汽車の罐《かま》焚き』（一九四七年三月五日）

「この小説は、労働者運動がいまと逆の関係にあった時代にかかれた。労働組合がつぎつぎにこわされ、労働者の要求はすべて無視され、労働者が何かを要求することは天皇に対して叛逆することだという思想がつよまろうとしてきた時代にかかれた」に始まる、自らの転向の苦渋の中で書かれた作品であることを述べるあとがきが付される。展示資料は並製本（定価三〇円）で、この他に、函入り上製本（定価六五円、著者の署名入り）が五〇〇部作成された。挿入のしおり「細川だより　八」には、機関車の構造図と専門用語が記されている、展示では、参考のために拡大コピーを添えた。

（四）　山本有三『波』（一九四七年四月一〇日初版）

山本有三の長編小説の代表作で、本作の成功が、後の『女の一生』『真実一路』『路傍の石』と続く、骨格の大きい成長小説の路線を決定づけた。「波」というタイトルの象徴性や、全体の作品構成など、際だったものがある。昭和三年朝日新聞に連載されたもので、作中に夏目漱石や『行人』に言及するのは、漱石へのオマージュであろう。戦後、著者の持論の漢字制限が採用されたため、細川書店版では、いち早く常用漢字に改められている。掲出したのは並製本の第三版で、初版では定価九〇円（それも当初の予定価格を大幅に超えたことに対する苦渋の文章が「細川だより　一二」に記されている）のものが、四八年一〇月の三版では二〇〇円となっている。並製に約二か月遅れて、四七年六月一五日に限定三〇〇部で刊行された函入り上製（ただし署名入りではない）の美麗な本が一六〇円であったから、当時のインフレーションの激しさを知ることができる。

（五）　石坂洋次郎『草を刈る娘』（一九四八年三月二〇日、九〇円）

細川書店本を代表するものが細川叢書である。細川書店は、純粋造本を標榜した戦前の野田書房を理想とした。そして野田本を代表するコルボオ叢書に範を仰いで刊行されたのが本叢書である。「コルボオ叢書は…純粋造本のある極限を示していました。細川叢書はこれに範をとりつつ、その普及化を目指し」（「細川だより　一〇」など）て、スタートしたものである。判型やスタイルもコルボオ叢書に近似し、コルボオ叢書の最終回配本であった『伊豆の踊子』を、細川叢書の第一冊目としたことは、コルボオ叢書の後継者としての自負心を示しているのではないか。簡素な中にも、用紙から活字、組み版に至るまで可能な限りの美しさを追求したものが、細川叢書であった。採算を度外視し、愛書家のもとに美しい本を届けることを目的として、会員制として出発した。

本書は、細川叢書の第一〇冊目として刊行されたもの。次項で述べるごとく、すでに無署名本は限定出版ではなく、一般に市販されている。

（六）　武者小路実篤『ある彫刻家』（一九四八年三月二〇日、会員制非売品）

細川叢書の第一一冊目。奥付に「二百七部刊行ノ内　第　冊」と記される。細川叢書の中でも、署名入り限定版と呼ばれるもの。扉の前の見返しに「実篤」と墨書、「武者小路」の小印を捺す。なお旧蔵者がこの部分のページを切っていない。第五〇番本。

細川叢書は当初は全二〇〇〇部の限定出版であり、そのうち署名入り本は、第一冊目の川端康成『伊豆の踊子』（四七年五月一日）では一八〇部であったが、第二冊目の伊藤整『冬夜』（四七年六月一日）から二〇七部となった（ともに挿入の「細川だより　一〇」「一三」による）。以降本書まで、署名本の部数は保たれる。第五冊目の佐藤春夫『美しい町』までは、署名・無署名本共通の奥付で「二千部刊行ノ内　第　冊」と記され、二〇七番までが署名本、二〇八番以下が無署名本であった。ところが後に無署名本は部数を限定することをやめるから、その後は本書のように署名本二〇七部中の通し番号のみが記されることとなる。これが次の第一二冊目の山口誓子『妻』（四九年一月三一日）となると、署名本の部数は一挙に五〇〇部となり、会員以外にも市販され、奥付に一六〇〇円の定価がつけられる。限定部数や、配布方法の変化は、この叢書を維持することの経済的困難を示しており、奇しくもコルボオ叢書と同じく、一二冊目で打ちきりとなった。

（七）　谷川徹三『ヒューマニズム』（一九四九年四月二五日、二〇〇円）

（八）　吉川幸次郎『中国と私』（一九五〇年一二月五日、一五〇円）

細川叢書と同じく全一二冊となったシリーズが、細川新書である。今日の新書版の判型ではなく、古典籍で言うところの六半桝形本《ますがたぼん》の大きさに近い。幅広く学芸の分野の叢書を意図したもので、山本有三『竹』を皮切りに、阿部知二『黒い影』、正宗白鳥『内村鑑三』などが刊行されている。細川叢書と違って、幅広い読者層を対象としたものであり、売れ行きも比較的順調であったようだ。五〇年一月の「細川だより　八二」では、これら三冊がそろって再版の案内が出ている。

細川新書には、普及版と特製版があるが、谷川『ヒューマニズム』は植物学者服部静夫宛の署名入りの特製版である。上記しおりには、このシリーズの稼ぎ頭の天野貞祐『行きゆく道』が一〇版と記されているが、本書も四版の案内があり、大健闘である。

吉川『中国と私』は、細川新書の第九冊目の特製版。この本については、現在話題を呼んでいる、山本善行『関西赤貧古本道』（新潮新書）でも言及されている。同書でもふれられているが、愛くるしい西瓜と鼠の表紙の文様が特徴的である。

（九）　天野貞祐『行きゆく道』（一九四八年五月二五日、一〇〇円）

『天野貞祐著作集』（一九四九年一〇月三一日～五〇年五月一五日、三〇〇円）

哲学者で、後の文部大臣天野貞祐は、様々な意味で、戦後の言論界をリードした一人であるが、その気運に乗って前者は、細川書店の出版物の中では、多くの版を重ねたものである。展示したものは、普及版の初版。半年後の「細川だより　六〇」（四八年末、はがきの裏面に記されたもの）では「『行きゆく道』は版を重ねますこと四度、その四版も残り幾冊もございません、来春早早、第五版を刊行いたします」と記されている。その勢いを駆って本著作集が刊行された。『行きゆく道』の方は、著作集の第一冊目の刊行時点では「九版　新装廉価版」（細川だより　七六）が出版されているが、肝腎の著作集の方は苦戦したらしい。天野の発言や立場の変化も影響があったのかもしれない。なお、著作集のデザインは、阿部知二『黒い影』（「細川新書」四、特製版、四九年六月二五日、三〇〇円）などとやや近似する。

（第一二回福岡女子大学附属図書館所蔵資料展・二〇〇四年五月～六月）

一三、河出書房の世界文学全集に見る出版文化史(1)

異国の文学にふれることは、異文化理解への近道であるが、我が国においては、世界各国の文学作品をまとめた〈世界文学全集〉の類が多く出版されてきた。この分野の出版で注目されるのが、河出書房である。第二次世界大戦中もこの種の全集を刊行し、戦後の高度成長期には多くの種類の『世界文学全集』を出版して、世界文学の普及に大きな役割を果たした。今回と次回の二回に分けて、河出書房の世界文学の全集をとりあげる。今回は、河出の代名詞ともなったグリーン版誕生の前夜までを扱う。なお、河出書房新社の時代も含めて、社名は河出書房で統一した。書名・作家名はそれぞれの全集の表記を尊重した。

（一）『新世界文学全集』

戦前、日本において刊行された、最後の世界文学の全集である。本全集の刊行開始は、実に一九四〇年である。前年には第二次世界大戦が勃発、翌年には太平洋戦争の開戦となるこの年に、河出書房は敢えて、世界文学の全集の刊行を開始する。世界の大部分の国から乖離し、孤立化を歩む日本において、せめて世界につながる文化の窓を開け放そうとした感がある。四六判五〇〇ページ平均で、全二四冊の予定であった。完結は四三年、既に戦争は熾烈の度を極めていた。並製の普及版（一円八〇銭）と、函入り上製の特製版（二円三〇銭）がある。

掲出書は、スティーヴーンスン『バラントレイ家の世嗣』、コンラッド『闇の奥』を収載する第六巻（第七回配本、一九四〇年九月刊行、一円八〇銭、月報・しおり・帯付き）である。日本はこの月、日独伊三国軍事同盟を締結し、世界戦争への階梯をまた一つ上った。

（二）『世界文学全集』（第一期、十九世紀篇）

戦後いちはやく、世界文学全集類の復活への道を開いたのもやはり河出書房で、終戦からちょうど三年目に当たる一九四八年八月から、このシリーズの刊行を開始している。

掲出したのは、いずれも上製本の特製版（三〇〇円）で、第一巻の『ノートル・ダム・ド・パリ』（ユゴー、第一七回配本、五〇年七月）と、第二巻の『従妹ベット』（バルザック、第二〇回配本、五〇年一〇月）、第三八・三九巻の『虚栄の市』（サッカレ、第三七・三八回配本、五一年九・一〇月）である。このほかに、函無しの普及版（二〇〇円、後に二二〇円）もある。掲出書の外函や奥付には、単に『世界文学全集』と記されるだけであるが、背表紙には朱文字で「世界文学全集（十九世紀篇）」と刻され、月報としおりにはともに「第一期」「十九世紀篇」と記されている。第一期は全四〇冊が刊行され、このあと、第二期として『古典篇』が、第三期として『十九世紀続篇』が続き、総計八八冊の大シリーズの予定であったが、一部未刊行に終わった巻がある。

（三）『世界文学豪華選』

河出書房の文学全集の特徴の一つに、同じ内容の物で、装丁を改めた異装版を刊行するということが挙げられる。掲出した『世界文学豪華選』の『ノートル・ダム・ド・パリ』（五二年一月、五〇〇円）と、『従妹ベット』（同、四五〇円）は、前掲の『世界文学全集』（第一期、十九世紀篇）と同じ判型で、表紙・函などの装丁を改め、口絵を差し替えたものである。名称のごとく、表紙などをやや豪華な装丁にし、『十九世紀篇』の時にはなかった挿し絵も入れて、高めの価格設定がなされている。全一〇冊が刊行された。

（四）『学生版　世界文学全集』

前者とは逆に、普及版として装丁を改めたものが、『学生版　世界文学全集』で、掲出した『嵐が丘』は、『豪華選』と同年の五二年九月の刊行であるが、定価一八〇円と半額以下の価格になっている。もちろん元版の『十九世紀篇』の普及版の刊行時よりも安い値段設定である。この時点で並製の四六版の文学書で一八〇円というのは、思い切った低価格である。帯に見られるように「創業七〇周年記念出版」ということもあっただろうが、良書の普及を意図した「学生版」という名称の付け方も巧みである。全一八冊が刊行された。

（五）『世界文豪名作全集』

シェイクスピア、ゲーテ、スタンダール、トルストイ、ドストエーフスキイ、トーマス・マン、ロマン・ロランの七人の文豪に絞った、全一一冊の小規模な全集。そのため、大正末年の『世界文豪代表作全集』(其刊行会) 以来、この種の全集を網羅している『世界文学全集・内容綜覧』(日外アソシエーツ) でも見落とされている。国会図書館でも一部欠巻があるようだが、本学では全巻を所蔵する。一九五三年五月から五四年八月にかけて刊行された。定価は二九〇円である。ロランの『魅せられた魂』を収載したのは、河出版の全集としては珍しい例であるが、残念ながら全訳ではない。

同じく五三、四年に刊行された、姉妹編に当たるシリーズに『現代文豪名作全集』があり、こちらは漱石・鷗外・芥川・谷崎らの日本の文豪を集めたもので、当初は『世界文豪』と同様に全一一冊(他に別冊一) の予定が漸次増巻されて、最終的には別冊を含めて全二五冊になった。

(六)『決定版　世界文学全集』

これまでの河出の世界文学全集は四六判二段組であったが、今回は菊判三段組、全八〇冊で、決定版の名にふさわしい、質量共に充実した全集となった。造本も重厚で、恩地孝四郎の装丁も味わいのある物である。

掲出したのは、第三期第一六巻のハウプトマン『寂しき人々』他、シュニツラー『恋愛三昧』他 (第三期第一五回配本、通巻第六五回配本、五八年五月、三八五円) と、第三期第一七巻ダンヌンツィオ『血の勝利』、ブラスコ・イバーニェス『血と砂』(第三期第一二回配本、通巻第六二回配本、五八年二月、三八五円) である。ともにその後の『世界文学全集』の類では収載されることの少ないものである。

世界文学全集の場合、翻訳を全面的に改めることはほとんどないが、シリーズが変わると解説類が書き直されることは多い。それらを比較するのも面白い方法である。前掲の『虚栄の市』で四六判の『十九世紀篇』と比較してみると、今回の第三期第七巻（五七年七月刊行）のものでは、新たに三ページ分の「サッカレ年譜」が付されているが、解説は同じ中野好夫の物で新たに書き起こされたものではない。ところが四六判の最末尾にあった「昨今『イヴの総て』などという映画が評判になっているようだが、あのイヴのような性格像も、その系譜を近代文学の中に遡ってゆけば、それはこの『虚栄の市』のレベッカにまで、明瞭にさかのぼることができようと思うのである」の文章が今回は削られているのである。紙面に余裕があることから、削除は解説者自身の意によるものであろう。

この全集の特色の一つに、ホームズ物に三冊、『水滸伝』に二冊を割り当てた、別巻の存在がある。当初の予定としては、さらに『ダルタニャン物語』全六冊も含まれるはずであった。河出書房は、『源氏物語』から漱石・藤村の近代文学までの日本文学の代表作を幅広く網羅した『日本国民文学全集』で、『大菩薩峠』『富士に立つ影』など大衆に人気のある作品を別巻として収載しているから、これも同じ路線である。ここでは、別巻の中から『シャーロック・ホームズ全集』全三冊を展示した。世界文学全集でホームズを読むことができた時代があったのである。

（七）『特製豪華版世界文学全集』

名称は異なるが、前掲の『決定版』の異装版である。『決定版』は三期に渉る刊行のため、全体の巻序に一貫性がなかったが、これをほぼ作品の年代別に再編成したものである。六一年一一月に一括刊行された。

掲出したのは、ハイネの『歌の本』他の第一〇巻と、ボーヴォワール『招かれた女』他の第六一巻である。ハイネの方は『決定版』では第三期六巻（第三期一九回配本、通巻六九回）、ボーヴォワールの方は『決定版』では第二期二三巻（第二期一一回配本、通巻三六回）であったので、共に巻数が大きく入れ替わっている。『決定版』と『豪華版』を併せて展示しているので比較してほしい。なお、『決定版』は、第一期は水色、第二期は朱色、第三期は緑色、別巻は薄紫色と、色違いの装丁であったが、『特製豪華版』は全巻同一の装丁である。『決定版』の装丁が恩地孝四郎であったのが、今回の『特製豪華版』では原弘に交代しているのは、一つの時代を象徴しているといえよう。

奥付に依れば「全八十巻揃　定価四万円」と記されており、全巻セット販売されたものか。函も表紙も黒で統一した装丁はなかなか重厚なものであるが、六〇年代初期の文学全集の価格としては、極めて高価である。そのためそれほど多くは普及しなかったのではないか。ただ河出書房は、五九年から、後には〈グリーン版〉と名付け同社の看板商品となるコンパクトサイズのシリーズ（一冊二九〇円）を刊行しているから、普及版と豪華版との棲み分けをはかったのかもしれない。

（第一三回福岡女子大学附属図書館所蔵資料展・二〇〇四年七月～八月）

一四、河出書房の世界文学全集に見る出版文化史（2）

今日でもしばしば黄金の六〇年代という言葉が使われるが、読書・教養・出版という観点から見ても一九六〇年代は最も充実した時期であった。この六〇年代を全力で疾走したのが河出書房で、グリーン版というロングセラーの他に、豪華版・カラー版・キャンパス版・ポケット版などの多彩な文学全集を矢継ぎ早に刊行し、幅広い読者層を開拓した。あまりに拡大に急であった河出書房は、六八年に会社更生法の適用を受けるに至るが、それでも六〇年代の教養や読者層の裾野を大きく広げた功績は甚大なものがある。

前回に引き続き、社名は河出書房に統一した。

（一）『グリーン版世界文学全集』

一九五九年から六六年にかけて刊行されたコンパクトな全集で、ロングセラーとなり、河出書房の全集の中では最も人気のあったものである。当初は全四八巻と別巻七の五五冊の予定であったが、評判が良く、第二集二五冊、第三集二〇冊が継続企画され、最終的には全一〇〇冊の堂々たる全集となった。函、表紙、ビニールカバーのすべてを緑で統一し、造本も見事で、戦後を代表する装丁家原弘の仕事の中でも最も良く知られたものである。函に使用されたアングルカラーと呼ばれる独特の用紙も、横方向に溝が走るカバーも、原の創案によるものである。当初は、単純に河出版とかコンパクト版と呼ばれていたものが、後には、印象的な装丁から「グリーン版」と呼ばれるようになる。

ここでは第二集第一六巻のヘッセ（『春の嵐』『デミアン』ほか）の初版と、別巻から通常の緑地の装丁の『レベッカ』を展示した。ヘッセの巻の帯は初版当時のもの、『レベッカ』の函下小口の小ラベルは、六七年のグリーン版『日本文学全集』の刊行開始を記念しての「河出グリーンまつり」（当時のチラシも展示）の時のものである。

（二）『グリーン版世界文学全集』（異装版）

今日から考えると意外なことであるが、河出書房は、この斬新なグリーンの装丁をそれほど重視していなかったようだ。この全集の姉妹編として六〇年から刊行された『日本文学全集』は、やはり原弘が装丁を担当したが、これはワインカラー版であった。グリーンに拘泥しない河出の立場は、別巻の初版に現れている。別巻は本巻とは色違いの異装版ともいうべきもので、薄いクリーム色の表紙である。本巻と別巻を色違いで際だたせようとしたものだが、グリーン地の評判には叶わなかったようで、一年余りで本巻と同色のものに戻している。結局、色違いのものは別巻の初版がほとんどであり、後には「二〇〇〇万読者に親しまれた河出のグリーン版」（七〇年頃重版時の帯の惹句）と呼ばれるまで版を重ねたこのシリーズでは珍しいもので、図書館などでも所有するところは少ない。

ここでは〈白いグリーン版〉の『大地』『凱旋門』を展示した。

（三）『豪華版世界文学全集』

一九六〇年前後には小型版の文学全集が流行し、河出のグリーン版の他にも、『世界名作全集』（平凡社、筑摩書房）、『世界文学全集』『日本文学全集』（新潮社）などが妍を競ったが、高度成長が一層進み、日本国民が様々な形で豊かさを享受するようになると、書籍の造本にもそれが反映してくる。六四年から河出書房が刊行した『世界文学全集』は、判型も大きくなり、貼函も堅牢であり、表紙も金箔を多用した美麗なもので、名称にふさわしい「豪華版」であり、営業的にも大成功であった。当初は二五冊と絞り込んだ企画であったが、第二集として更に二五冊が追加され、全五〇冊の全集となる。定番中の定番トルストイの『戦争と平和』などは当初の二五冊に入っていないから、あらかじめ第二集の計画があったのかもしれない。

（四）『豪華愛蔵版世界文学全集』

前回展示した決定版も同じような例であったが、河出書房は異装版を作るのが好きである。豪華版は世界文学全集としては広範な読者層を獲得したが、豪華版未購入の読者にねらいを絞り、装丁を改めて「豪華愛蔵版」なるものを刊行した。巻序などは全く改めずに、造本のみの変更である。函は元版と一部の色違いにして「豪華愛蔵版」と記し、表紙は赤と黒を基調にした落ち着いたデザインである。背の部分を比較すると、共通性と差異性がはっきりする。装丁は共に亀倉雄策である。

なお、（三）に遅れること一年、一九六五年からは『豪華版日本文学全集』を刊行しているが、こちらも後に『豪華愛蔵版』を発売している。ここでは『豪華版』『豪華愛蔵版』ともに、ヘッセとロレンスの巻を、関連して『日本文学全集』では、「井伏鱒二集」「山本有三集」の『豪華版』『豪華愛蔵版』を展示した。

（五）『カラー版世界文学全集』

全集の大型化は、六六年のカラー版で頂点に達する。カラー挿絵を多用した菊判の堂々たる全集で、第一回配本の『戦争と平和』は当該年度のベストセラーの第七位に食い込む大健闘である。ソビエト文芸映画の全盛期であったことも時宜に叶っていたのかもしれないが、『戦争と平和』が年間ベストセラーを占める、文学の時代・教養の時代でもあったのである。この大ヒットを受けて、翌年には明治百年と関連させて『カラー版日本文学全集』を刊行、さらに相前後して『少年少女世界の文学』『国民の文学』『世界の歴史』『世界の旅』『故事シリーズ』『千夜一夜物語』『三国志』など、カラー版と銘打ったシリーズのつるべ打ちを行う。このような急速な拡大路線がたたって、本全集刊行中の六八年前半に河出書房は倒産する。一方で数々の企画を成功させ、ベストセラーも輩出した中での倒産は「河出事件」とか「ベストセラー倒産」と呼ばれて社会にも大きな衝撃を与えた。ここでは、第一回、二回配本の『戦争と平和』を展示した。前者にはアメリカ映画のオードリー・ヘプバーンが、後者にはソビエト映画のリュドミラ・サベーリエワが帯を飾っている。カラー版は当初は全三八巻・別巻二の予定であったが、一二冊が追加され、最終的には五〇巻に別巻二冊の五二冊の全集として完結した。

（六）『カレッジ版世界名作全集』

大型本・豪華版は蔵書として飾るには良いが、持ち運びには不便である。とくに通学途中に携帯して読むことが多い若者にはなじみにくい部分もある。そこで河出書房では、大型のカラー版と並行して、小型のカレッジ版を刊行した。こちらは冊数を二四冊に絞り、作品も精選して「名作全集」という呼称を用いた。単価も思い切って押さえて二九〇円、同時刊行されていたカラー版の半額以下の廉価である。「映画化された世界の名作を網羅」というのが惹句で、口絵には映画のスチールを多く用いた。

ここではグレタ・ガルボとビビアン・リーの二人のアンナのスチールを見ることができる、贅沢な口絵の『アンナ・カレーニナ』を掲出した。タチアナ・サモイロワ主演のソビエト映画は傑作であるが、これは本書の刊行には間に合わなかった。

（七）『ポケット版世界の文学』

六七年五月から刊行された全書サイズのもので、価格破壊という言葉をあてはめたくなるようなシリーズである。造本を並製にして極力経費を抑えたのであろうが、五〇〇頁前後の世界の名作が平均二八〇円だが、これは定価で、全巻完結まで特価二五〇円であった。全集の特価というのは本来、期間を限定するか第一回配本などに限るのが通常で、全巻完結まで特価というのは珍しい。さらにこのシリーズの第一回配本の『レベッカ』『風と共に去りぬ』は記念特価で二〇〇円であった。この二冊は、記念特価・特価・定価の三つの値段を持っていたわけである。価格は抑えたが、カバーのカラー写真の色調も美しく、ページの開きもよく、のども頑丈で、造本は申し分ない。

ここでは『風と共に去りぬ』を掲出した。併せて展示しているのは、約一〇年後に単行刊行されたものである。表紙のカバーや口絵写真から一目瞭然のように、ポケット版の異装版とも言うべきものである。

（八）『キャンパス版世界の文学』

若者向きの廉価版でも、やはり函入りハードカバーのものは必要と考えたのか、河出書房はキャンパス版というシリーズを六七年一二月から刊行する。大型本では豪華版とカラー版が配本中、ほぼ同じ判型のカレッジ版がこの月完結したばかりで、並製とはいえ、廉価版のポケット版も刊行の最中とあっては、やや無謀なまでの拡大路線であった。河出書房をむしばんでいた、この拡大路線が破綻するのは六八年前半のことで、刊行途中のキャンパス版の多くの巻は未刊に終わった。

函と表紙を緑色を基調にまとめた造本は、かつてのグリーン版を意識したのかもしれない。前述のポケット版もカバーを外せば、緑色地の表紙であった。長く河出を支えてきたグリーンカラーは河出を象徴する色でもあったのだろう。キャンパス版の価格は二九〇円（第一回配本『戦争と平和』の特価は二五〇円）で、八年前のグリーン版（ただし完結前に値上げ）と同じ価格に設定していることが、逆に当時の河出の苦しさを示しているようである。

ここでは、初期の配本の『戦争と平和』を展示した。函の絵は、ソビエト映画でナターシャ・ロストワの役を務めたリュドミラ・サベーリエワで、数年後の名作『ひまわり』では、夫のマルチェロ・マストロヤンニを失ったソフィア・ローレンよりも、頼りなげな儚げな表情の彼女の方に観客の同情が集まった。

（第一四回福岡女子大学附属図書館所蔵資料展・二〇〇四年九月～一〇月）

一五、舟橋聖一の小世界

『ダイヴィング』『木石』『雪夫人絵図』『花の生涯』らの代表作で知られ、日本文芸家協会の初代理事長でもあった舟橋聖一は、戦前から戦後にかけて多彩な活躍をした。戦後は、風俗性の強い小説を量産し多くの読者の支持を得るとともに、『源氏物語』の舞台化にも大きな功績があった。今回は舟橋の多彩な作品の中から、『源氏物語』に関するものと、いわゆる〈夏子もの〉を中心に展示をする。

（一）『源氏物語草子　桐壺』（河出書房、一九五〇年一二月、一七〇円）

本年（二〇〇四年）襲名を行った一一代目市川海老蔵は、九月の御園座《みそのざ》の出し物に『源氏物語』を選んだ。新之助時代の二〇〇〇年の歌舞伎座での評判は記憶に新しいが、今回の舞台により、戦後の日本人は三代の海老蔵の『源氏物語』に接することができた。その口火を切ったのが、新装なった歌舞伎座における昭和二六年三月の公演で、九代目の光君の人気は今日でも語りぐさである。この時の台本が舟橋聖一で、舟橋は、戦後の『源氏物語』ブームの立て役者の一人であった。

本書は、桐壺の巻の記述を中核としつつも、舟橋の筆は、時に『偐紫田舎源氏《にせむらさきいなかげんじ》』、時に『長恨歌伝』『梅妃伝』、時に『栄花物語』『大鏡』『枕草子』に言及と、時空間を越えて縦横に走り回る。帯に記すごとく「舟橋の問題小説」であって、単純な脚本や現代語訳にはない面白さがある。帯には、池田亀鑑・川端康成・三島由紀夫・丹羽文雄らの名前が見える。なお、展示本は北条誠への献呈本である。

（二）『源氏物語草子　帚木・空蟬・夕顔』（河出書房、一九五一年九月、二〇〇円）

原作における桐壺一巻と、帚木から夕顔までの分量を比べてみると、後者は前者の約四倍である。これを前著と本書では同分量のページ数に収めている。このことから推測されるように、本書はほぼ源氏物語の進行に沿って語られ、原作を離れて筆が自在に走ると言うことはない。内容的に舟橋の好みに近かったために、作品に即した構成になったといえようか。なお、前書と共に、題字は谷崎潤一郎、装丁は福田豊四郎である。

（三）『朧月夜かんの君』（講談社、一九七四年一一月、二二〇〇円）

五幕七場の戯曲、昭和四九年歌舞伎座にて一〇代目海老蔵（現團十郎）の光君、七代目菊五郎の朧月夜で上演された。この頃舞台の『源氏物語』の美術を多く手掛けているのが、守屋多々志である。昭和二〇年代後半、九代目のために書き下ろしたものに手を入れた「戯曲　源氏物語」を併録している。装丁は原弘である。

（四）　北条秀司『放送劇　源氏物語』（宝文館、一九五七年二月、三〇〇円）

舟橋源氏が歌舞伎座で圧倒的な人気を誇っている頃、北条秀司のＮＨＫのラジオドラマの源氏物語も評判を呼んでいた。舟橋に関連して、北条源氏の台本をまとめたものも掲出した。展示本は日本画家の守屋多々志への献呈本でもある。守屋は『源氏物語』や『平家物語』などに取材した歴史画の秀作が多く、二〇〇〇年の新之助（現海老蔵）が初めて光君を演じた歌舞伎座の『源氏物語』の美術も担当している。

（五）『舟橋聖一　源氏物語』（平凡社、一九七六年一二月、四二〇〇円）

舟橋の源氏物語の口語訳は二種類がある。一つは、雑誌『太陽』に連載されたもので、『源氏物語草子　桐壺』とも共通する自在な語り口が魅力である。惜しくも著者の逝去によって松風の巻で中絶したが、それをまとめたのが掲出書である。ちなみに本書の口絵が守屋多々志の作品である。もう一つの舟橋源氏は、同じ平凡社が昭和三〇年代半ばに刊行していた『世界名作全集』に収められたもので、こちらは比較的原文に密着したもので、正編・幻の巻までを収載する。詳伝社のノンポシェット版で文庫化もされている。

（六）『田之助紅』（京都新聞社、一九四七年一二月再版、六〇円）

『田之助紅　続編』（京都新聞社、一九四七年一二月、七〇円）

歌舞伎との関係で言えば、幕末維新期に絶大な人気を誇りながら、病魔に冒され、数奇な運命を辿った三代目澤村田之助を主人公にしたこの作品を逸することはできない。装丁と挿絵は、京都新聞連載時に挿絵を担当した三輪晁勢である。展示した正編は再版異装本。初版（四七年五月）本は、書名の由来ともなった田之助紅の貝の容器を描いたカバーをはずすと、赤地に田之助の顔が描かれた鮮やかな表紙が現れ、印象的な造本であったが、カバー帯付の保存の良い初版本はあまり見ない。

（七）『芸者小夏』（新潮社、一九五二年一二月、二四〇円）

昭和二七年から、約一〇年間『小説新潮』に連載された、いわゆる〈夏子もの〉は、極めて強い風俗性を持ちつつも、当時の社会記録としての側面を持つ異色の作品群である。庶民の立場からの一つの五〇年代の記録としても大きな意味を持とう。舟橋自身の嗜好もあって、歌舞伎・映画・演劇・相撲・野球、そして政治への言及は特に多い。これらをデータベース化すれば面白い記録となろう。連載時から大好評を博して、次々と単行本化されたが、当初の四冊は、一冊毎にカットと装丁者が変わり、それらを比較するのも楽しい。

（八）『夏子の四季』（新潮社、一九五四年二月、二九〇円）

「夏子の赤い羽根」では、主人公に「何ンとなしに、吉葉山が好き」と言わせている。悲運の美男力士吉葉山の人気は大変なものがあったが、ここでも吉葉山が栃錦に敗れ、またもや優勝と横綱昇進を逃す展開と、佐久間氏が選挙違反で摘発される暗い展開を重ね合わせた構成は巧みであった。そのほか「黄昏の道行く夏子」には、吉田茂のバカヤロー解散が、「水たまりの夏子」では西日本の大水害のことが記されている。装丁・カットは山口蓬春である。

（九）『寝もやらぬ夏子』（新潮社、一九五五年二月、二九〇円）

「ローマの休日」は、最近デジタル・リマスター版が公開され、また新たな人気を呼んでいるが、「夏子のオードリー型」には「指定席も自由席も満員で、あとはプレミアムのついたダフ屋の切符を買って入るしかない」と当時の熱狂ぶりが記されている。夏子も映画に刺激されて、アン王女なみに髪を切るという展開になる。この冊のあちこちで言及される映画の題名を拾ってみると「禁じられた遊び」「終着駅」「地上より永遠に」「陽のあたる場所」「巨象の道」等々と、まさに映画の黄金時代であったことが分かる。ほかに「秋肥ゆる夏子」では、明治大学当時の秋山登投手や、現團十郎が堀越夏雄の本名でつとめた初舞台に言及し、「感傷の秋の夏子」では洞爺丸台風の惨事を取り上げている。装丁・カットは寺島紫明である。

（一〇）『春雨けむる夏子』（新潮社、一九五六年三月、二九〇円）

本書でもやはり映画の話は多く、「裏窓」「エデンの東」「パンと恋と夢」などの作品が挙げられる。夏子は、一人旅では「旅情」の二の舞もたまらないし（「夜寒むの夏子」）と思い、女中の園つゆ枝は、銀座の殺人事件について「無防備都市みたいなもンで」（「春雨けむる夏子」）と言っている。舟橋らしく、歌舞伎への言及は映画以上に多いが、本冊ではおさん茂兵衛の折の福田蘭堂の尺八を賞揚している。世間を騒がせたトニー谷の子息誘拐事件は「宵月光る夏子」で取り上げられている。装丁・カットは橋本明治である。

（一一）『ウエットな夏子』（新潮社、一九五六年一二月、二八〇円）

『眉紅し夏子』（新潮社、五八年一月、二九〇円）

『夏子の月明り』（新潮社、五八年一一月、二九〇円）

『ある斜面の夏子』（新潮社、六〇年四月、二九〇円）

『鍵おろす夏子』（新潮社、六一年三月、三二〇円）

第五冊目からは、装丁・カットが三岸節子に統一される。三岸は第一作『芸者小夏』も担当していた。一〇冊がすべて異なった画家の装丁であったなら、全巻並べると小美術館の趣があっただろうと思うと、多少残念である。『ウエットな夏子』では、この年話題を呼んだ太陽族について各所で言及されているが、川口松太郎・浩親子の太陽族論議が面白い。六冊目以下からは一編ずつ、その時代を反映したタイトルのみ列挙する。「『鍵』を読む夏子」「アジア大会に行く夏子」「伊勢湾台風の夏子」「雨のデモ見る夏子」

（一二）『罪かなし夏子』（新潮社、一九六二年八月、三八〇円）

一〇年に渡って『小説新潮』に連載された〈夏子もの〉の大尾の巻である。一〇年という区切りもあっただろうが、日本の経済成長が一挙に加速し、黄金の六〇年代が幕を開け、社会も大変化しようとするとき、五〇年代から同一の趣向で書き続けることの限界も感じたのかもしれない。今はなき、山種・山一をふくめた五大証券会社の名前が見え、「仇な夜の夏子」ではケネディの大統領選挙に言及し、「北斗星見る夏子」の二所ノ関一門の猛稽古に新進の大鵬の姿があるなど、新しい時代の息吹があちこちに感じられる。

（一三）『芸者小夏』（東宝映画シナリオ選集、発行年月未記載）

表題作が、梅田晴夫脚色、杉江敏男監督、岡田茉莉子主演で東宝で映画化された時に刊行されたもの。共演は神岡らくに杉村春子、久保先生に池辺良。奥付がないので、正確な発行日時は不明。東宝映画シナリオ選集には川端康成の『山の音』『母の初恋』（東宝シナリオ名作選集）などがあり、前者は表紙に山村聡・原節子・上原謙の、後者は岸恵子の写真があしらってある。黒沢の『羅生門』などは古書価も高い。

文庫サイズのシナリオとしては、角川映画の全盛期の角川文庫が、何と言っても印象的であるが、このころには『年鑑代表シナリオ集』を出版している三笠書房の三笠文庫がシナリオを多く刊行しており、三笠のドル箱の『風と共に去りぬ』の他『七つの大罪』『妻』『千羽鶴』『やっさもっさ』などがある。関連して『風と共に去りぬ』を展示した。

（一四）『芸者小夏　四幕九場（新潮社版）』（新橋演舞場上演時の台本）

昭和四八年四月、新橋演舞場で、朝丘雪路まつりの出し物として上演された折の台本。演出は、舟橋から（一）を献呈されている北条誠である。なお、北条誠は、舟橋の『花の生涯』が、NHKの大河ドラマ第一作として昭和三八年に放映されたときの、脚色も担当している。

（第一五回福岡女子大学附属図書館所蔵資料展・二〇〇四年一一月～一二月）

一六、大衆文学の世界

昨年のNHK大河ドラマは新撰組が、今年は源義経がそれぞれ素材であり、悲劇の主人公や、大衆に支持される人気者、一定程度の深さのある人間ドラマは、常に多くの人々の共感を得てきた。

今回は、発足以来大衆への目配りを柱の一つとしてきた、講談社の大衆文学の全集を中心に展示をする。これらの叢書は、幅広い読者層を対象としたため、用紙や素材を廉価のものに押さえて低めの定価設定が必要であった。また資料の性格上、丁寧に保存されたものは少ない。限界はあるが出来る限り帯や函の完備したものを展示した。刊行年は、第一回配本時のもの。書名を作家名で立てるか（さらには「集」の文字の有無）、代表作品名で立てるか、叢書によって変動があり、原則として背表紙に従った。

（一）『現代長篇小説全集』（春陽堂、一九五〇年）

次項の講談社『長篇小説名作全集』が目標としたと思しきもの。戦前からの文芸出版の老舗の春陽堂が幅広い読者層を対象に企画したもの。鮮やかな黄色の帯に記された「この内容！　この装幀！　この廉価！　堂々四〇〇頁の偉観」と感嘆符を三つも並べた惹句は印象的であった。「一三〇円」と値段を大書しているのは、この価格が最大の売り物であったことを示す。帯の背の部分に四角囲みで「戦後の円本」と記すのは、昭和初期に『明治大正文学全集』で円本時代の一翼を担った春陽堂の自負が窺えるものである。装丁は恩地孝四郎である。

ここでは第一〇巻『地底の女』『かういう女』他（『平林たい子』）、第一四巻『土曜夫人』『夫婦善哉』他（『織田作之助』）を展示した。

（二）『長篇小説名作全集』（講談社、一九五〇年）

前項の春陽堂の全集を一瞬にして色褪せたものとしてしまったのが、本全集である。ページ数でも春陽堂版を凌ぎ、何よりも一〇〇円という定価が衝撃的であった。帯にはシンプルに叢書名を記し推薦文を載せるだけだが、赤地に白抜きで大きく「百円」と記しているのが、この全集の特色を良く言い表している。近時の一〇〇円ショップや一〇〇円バスの登場は大きな話題となったが、いわばそれらの先駆的な試みといえようか。帯は大人しかったが、本誌巻末の内容一覧には「遂に出た！　出版界空前の豪華大奉仕全集！」「安い！　面白い！」「予約注文殺到！」とこちらも感嘆符のつるべ打ちである。全二一冊。装丁は、春陽堂版と同じく恩地孝四郎である。

ここでは、第一八巻『井上友一郎』（『舞踏は終りぬ』他）、第一九巻『山手樹一郎』（『桃太郎侍』他）、第二一巻『加藤武雄』（『呼子鳥』他）を展示した。井上の著書は「恭呈　尾関栄様　井上友一郎」の署名入りの珍本、尾関はのちの『文学界』編集長である。

（三）『傑作長篇小説全集』第一期（講談社、一九五一年）

『長篇小説名作全集』は各冊一〇万部前後の売り上げがあったと言われ、この成功を受けて講談社は後続の企画を次々と打ち出してくる。前回の全集の熱気もさめやらぬ翌五一年に刊行されたのが本全集である。前項のものほどの衝撃性はないが、ページ数も押さえすっきりとした仕上がりである。平均三五〇ページ弱で、定価は一五〇円である。前年の一〇〇円の全集はやはり出版社としては相当無理をしたものであろう。今回はカバーに小田奈美子の刺繡を使ってさわやかな印象を与えている。全一〇冊。装丁は今回も恩地孝四郎であった。

ここでは、第四巻『田村泰次郎』（『情熱山河』他）、第六巻『吉屋信子』（『女の暦』他）を展示した。

この第一期の帯付き完本は講談社の大冊の社史『クロニック講談社の八〇年』にも書影が見えない珍しいもの。前者には山本嘉次郎、後者には城戸四郎と映画関係者が推薦の言葉を寄せている。

（四）『傑作長篇小説全集』第二期（講談社、一九五二年）

前項のものと同じ全集とは思えないほどの様変わりである。カバーも表紙も第一期のものとは大きく変化している。第一期のものがやや上品すぎたという反省があったたか。変更は外形上のもののみならず、第一期は作者名を大きく出す方針であったが、今回は作品名を大書するなど編集方針にも差異が見られる。そのほか、口絵写真の有無や、一ページの段組など、相違点は各所に及んでいる。全一二冊。装丁は、阿部展也に代わっている。

ここでは、第一三巻『街の灯』（火野葦平）、第一四巻『女王蜂』（横溝正史）を展示した。表紙及びカバーは沖縄織物裂地（田中俊雄氏提供）を製版印刷したもの。

（五）『講談社評判小説全集』（講談社、一九五一年）

長谷川伸『国定忠治』、子母澤寛『河内山宗俊』、直木三十五『相馬大作』など、いかにも講談社らしい顔ぶれがずらりと並んだ全集。帯には、徳川夢声、辰巳柳太郎らが推薦の言葉を寄せ、「大人の立川文庫」とも記されている。青地に白抜きで叢書名を記すのは、（三）の『傑作長篇』第一期と同じで、「二五〇円」と値段を大書するのも同じである。デザインも共通し、こちらの青帯、あちらの赤帯を並べると面白い。全一二冊が刊行された。

ここでは、第三巻『淀君』（三上於菟吉）、第一〇巻『唐人お吉』（井上友一郎）を展示した。

（六）『現代長篇名作全集』（講談社、一九五三年）

この全集から函入り上製本になる。宣伝文によれば「レザー飾りつき、金版押し」「用紙も特梳き上質」と記され、時代がようやく落ち着いてきたことを示している。材質に高級感を出したため、定価は二六〇円と、前年までの叢書の七割高となっている。全一七冊。

ここでは、第三巻『富田常雄集』（『春の潮』他）、第一五巻『川口松太郎集』（『振袖狂女』他）を展示した。

（七）『大衆文学代表作全集』（河出書房、一九五四年）

『新版大衆文学名作全集』（河出書房、一九五五年）

河出書房もまた、戦後は大衆文学の叢書を多く出している。ここでは、昭和三〇年前後の二つの叢書から、大佛次郎の二冊を展示した。『大衆文学代表作全集』は、この種の全集としては珍しくA五判三段組の大型本で、巻末の解説もきちんとしており、重厚な本づくりで、愛蔵するに足るものである。この第二巻には、大河ドラマ第二作の原作ともなった『赤穂浪士』全編が収録されている（四七九ページ、二八〇円）。『新版大衆文学名作全集』は、四六判の典型的な大衆文学全集である。こちらも第二巻は大佛次郎の巻で、『由井正雪』が収録されている（掲出したのは、五七年の再版、六〇九ページ、二五〇円、装丁原弘、口絵佐多芳郎、カバー絵中島喜美）。

（八）『野村胡堂捕物名作選』（桃源社、一九五二年）

大衆文学の普及に貢献のあった桃源社からは、野村胡堂の選集をあげておく。刊行は一九五二年だから、(三)～(五)の叢書とほぼ同時期になる。四六判のカバー付きで一六〇円というあたりもほぼ共通する。カバー、見返し、表紙絵など、この時代、この値段にしては大健闘というところだろう。

ここでは、第三巻『池田大助捕物手柄話』を展示した。かつてNHKには金曜時代劇という看板番組があったが、早世が惜しまれた先代尾上辰之助(現松緑の父)が池田大助に扮して人気を博した。装丁は鈴木朱雀、カットは中島喜美である。

(九)『時代小説名作全集』(同光社、一九五三年)

同時期に同光社から出た時代小説の叢書を掲出する。同じく四六判だが、この判にしては珍しく一段組の大きな活字で読みやすい。上製函入りで造本も良く、そのため二七〇円というやや高めの値段設定であった。装丁は佐多芳郎である。

掲出したのは第九～一一巻『丹下左膳』(林不忘)である。左膳役者は、この役を十八番とした大河内傳次郎を皮切りに、阪東妻三郎、大友柳太朗、丹波哲郎、高橋幸治、松山英太郎など多士済々であるが、最近では、昨二〇〇四年のNHK大河ドラマで岸本捨助に扮した中村獅童が、左膳の新しい魅力を開拓した。

(一〇)『現代長編小説全集』(講談社、一九五八年)

講談社の創業五〇年記念として企画されたもので、全五二冊の大型全集である。講談社のこの種の全集の中でももっとも広く普及したものの一つである。一昨年二〇〇三年のNHK大河ドラマの原作でもあった『宮本武蔵』は、吉川英治の代表作で、戦前単行本を刊行したのも講談社であったが、戦後は六興出版に版権が移り、その出版を巡って両社にトラブルも発生した。今回の記念出版に際して、再度講談社からの刊行となったものである。吉川・武蔵の参加でこの全集も大きな弾みがついた。記念出版と言うことで、二〇〇円という破格の価格設定も話題であった。五年前の全集よりも大幅な価格の引き下げを行っている。

ここでは、最終回配本の第四二巻『山本周五郎集』（『樅ノ木は残った』これも後に大河ドラマの原作となる）を展示した。

（一一）『長編小説全集』（講談社、一九六一年）

前項と次項の二つの記念出版の間に刊行された、すっきりとした瀟洒な全集。全三七冊。吉川英治と並んで、松本清張が一人で複数冊を占めているのが、時代の変化を感じさせる。もう一つ、第一回配本が川端康成などであることも、講談社のこの種の全集の変化を示していよう。装丁は原弘であった。

ここでは、同じく第一回配本である第二巻『井上靖集』（『蒼き狼』他）、第三巻『源氏鶏太集』（『見事な娘』他）を展示した

（一二）『現代長編文学全集』（講談社、一九六八年）

創業六〇周年の記念企画で、講談社の「長編」全集の大尾を飾るもの。尾崎士郎『人生劇場』、川口松太郎『新吾十番勝負』、源氏鶏太『三等重役』、今東光『悪名』、獅子文六『大番』、田村泰次郎『肉体の門』、富田常雄『姿三四郎』、火野葦平『花と竜』、松本清張『点と線』など、一時代を画した

話題作がずらりと並んでいる。全五三冊で、装丁は今回も原弘であった。
ここでは第一七巻『舟橋聖一』（『花の素顔』他）を展示した。
（第一六回福岡女子大学附属図書館所蔵資料展・二〇〇五年一月～二月）

一七、古書目録とオークション

古書目録には、古典籍・古文書や著名な学者・作家の自筆文献など、貴重な資料が多く掲載されている。中には初めて紹介されるものや、その後個人の所蔵に帰して今日では非公開のものなども多く、市場に出たときの古書目録によってのみ、その資料に触れることのできるものもある。今回は、この古書目録の類で特集を組んでみた。なお、古書目録には（一）（二）のように売価が明示されているものと、（三）（四）のように一種のオークション形式で入札されるものとがある。入札の場合は、基準価格がほとんど示されないものと、底値が明示されるものとがある。

（一）『世界の古書・日本の古書展』

ＡＢＡＪ（日本古書籍商協会）創立四〇周年記念として、二〇〇五年一月に開催されたもの。このような催し物としては珍しく、古書展の会場が六本木ヒルズというのも大変な話題であった。ＮＨＫ

の大河ドラマの影響もあって、源義経文書（二通）七〇〇〇万円が目録の巻頭を飾った。義経の文書は極めて少なく、タイミング良く市場に現れたわけである。また、『昆虫記』で知られる、ジャン・アンリ・ファーブルの博士論文用研究ノート自筆草稿類九〇〇万円というのも注目を集めた。

（二）『第一三回国際古書展協同目録』

第三〇回ＩＬＡＢ（国際古書籍商連盟）東京大会の開催記念として、一九九〇年一〇月に、ＩＬＡＢ主宰ＡＢＡＪ主管で行われたもの。キャサリン・マンスフィールドが姉に宛てた自筆書簡二種（一九〇万円、一二五〇万円）、夏目漱石自筆書簡（滝田樗陰宛、二八〇万円）等が出品された。この時は、自筆もの、署名ものに珍しいものが多く、ダリ署名入り自筆書簡、エジソン署名入り写真、アインシュタイン署名入り自筆文書、リンカーン署名入り文書、などが目録を飾った。

（三）『古典籍展観大入札会目録』（東京古典会）

国内の協同古書目録として最も水準が高いのが、東京古典会主催の古典籍展観大入札会目録である。毎年一回、一一月中旬に、古典籍の優品が一堂に会するのは壮観である。近年は優品逸品がさすがに少なくなったが、それでもこの時には研究者・蒐集家が全国から神田の日本古書会館に集まってくる。

本学では、昭和六〇年代から現在まで約二〇年分の目録を一貫して保存しており、大学図書館のコレクションとしては珍しいものである。継続収集と保存に努めたい。ここでは、一九八六年と二〇〇三、二〇〇四年の目録を掲出した。見開きの藤原定家自筆『興風集』は、日本古典文学会から複製本が刊行されている。

（四）『古書七夕大入札会目録』

明治文献、近代文献の分野で最も定評のあるのが、明治古典会主催の大入札会である。昭和四〇年代末期から、七月七日前後に固定化されて、「七夕古書祭り」の異名でも親しまれている。二〇〇二年には室生犀星関連資料が多く、初版本一括（最低価格一〇〇万円）のほか、各種草稿類、中でも一九五一～五六年の日記（同五〇〇万円）が目を引いた。二〇〇三年には、永井荷風の「濹東綺譚」自筆原稿及び関連資料（最低価格三〇〇〇万円）が出品され来会者の注目を集め、昨年、二〇〇四年には、樋口一葉の歌幅が出品され新五千円札の前景気をあおった。

（五）『落札価格年報』*（明治古典会）

昭和四〇年代に、明治古典会では、主催した一年間の例会や下見展入札会の落札価格を記録したものを冊子としてまとめ、年報として刊行していた。古書店の側のデータとして作成されたもので、限定三〇〇部、一冊ごとに限定番号と配布された古書店名が記してある。内部資料として門外不出であったため、国会図書館にも所蔵されていない極めて珍しい資料。ＮＩＩの全国の大学図書館のデータ（ＷＥＢＣＡＴ）にも全く出てこない。歳月が経ち、そのごく一部は古書市場などに出回るようになった。当時の古書価格の実態を知ることのできる貴重な文献である。八年間にわたって七冊が作成されたが、本学ではそのうち、一九六九、一九七一、一九七三年版の三冊を所蔵する。

一九六八年は明治一〇〇年でもあったので、さまざまな催しが行われ、明治古典会の、祝明治一〇〇年公開大展観には多数の優品・珍品が出陳され話題を独占した。ノーベル文学賞を受賞したばかりの川端康成の最長編小説『東京の人』が、当時としては破格の約三五〇万円で落札されている。

（六）『一誠堂古書目録』

各古書店が単独で刊行する目録も、資料的価値の高いものが多いが、ここでは一昨年、創業一〇〇年を迎えた、最も伝統のある古書店の一つ、東京神田神保町の一誠堂の古書目録を展示した。本学には、昭和五〇年代から、約四〇冊の一誠堂の目録が所蔵されているが、創業一〇〇周年記念目録の、冷泉家旧蔵、藤原俊成・為家筆『新撰和歌髄脳』一億五千万円は圧巻であった。八木書店、三茶書房、けやき書店など店主が一誠堂出身の有名古書店は多く、一誠堂は全国の古書店のルーツでもある。

（七）『増訂版　弘文荘待價古書目総索引』（八木書店、一九九八年）

昭和を代表する古書籍商であった、弘文荘反町茂雄もまた一誠堂の出身であった。弘文荘の古書目録には、国宝・重文級から天下の孤本まで貴重な資料が輩出する。反町茂雄には著述も多く、その独特の語り口は魅力的である。なかでも、『一古書肆の思い出』全五冊は貴重な歴史的証言に満ち満ちており、反町の逝去で未刊に終わったことが惜しまれる。その反町の編んだ古書目録は、昭和における文化財の流動の歴史の記録といっても過言ではない。そのため、研究者によって、目録の総索引が作成され、出版されたほどである。目録自体が貴重であるため、目録一冊に数千円から一万円台の古書価が付いていたが、とうとう目録全冊を検索できる、ＣＤ－ＲＯＭやＤＶＤまでが発売されるに到った。

ここでは、重要美術品の『枕草子』から、正岡子規の書簡、ディケンズの初版本までが見開きの頁に並んでいる、『総索引』を展示した。参考のために、重要美術品富岡本『枕草子』の書影が載っている『待價古書目』第二五号を並置した。

（八）『反町茂雄収集　古書販売目録精選集』（ゆまに書房、二〇〇〇年、全一二冊）

反町茂雄が収集した貴重な古書目録類のうち、「蔵書入札売り立て目録類の中から関心度の高いと思われるものを選び、影印刊行」（編者柴田光彦）したもの。

第一巻には「狩野亭吉《かのうこうきち》氏蔵書売立展覧目録」、第四巻には「九条家御所蔵古版本古写本類入札目録」などが含まれている。ここでは第二巻から紀州徳川家売り立て目録の冒頭を展示した。見返しに、徳川家の略図が示されている。

（第一七回福岡女子大学附属図書館所蔵資料展・二〇〇五年三月〜四月）

一八、三代目澤村田之助をめぐって

二〇〇五年六月の博多座大歌舞伎は、一一代目市川海老蔵襲名披露公演である。新海老蔵の爆発的な人気に加えて、父の市川團十郎、そして尾上菊五郎、澤村田之助、中村雀右衛門らの人間国宝がずらりと脇を固めた、この上ない豪華な顔ぶれである。昼の出し物の『源氏物語』は、一一代目にとっては新之助時代からの当たり狂言の一つと言って良く、昨年九月の御園座の襲名披露公演にも掛けられた。ただ、その折は父の團十郎は病後のため共演が叶わず、今回の博多座が、團十郎・海老蔵としての桐壺帝・光源氏親子のお披露目となる。先々代九代目の光の君の人気は伝説となっているが、やはり光源氏には、海老蔵の名前がふさわしい。今回の『源氏物語』の見所はほかにも多く、新之助・辰之助時代以来の光源氏・頭中将の名コンビ、弘徽殿女御に扮する六代目澤村田之助の軽妙な演技などが観客を魅了するであろう。

ところで、現六代目澤村田之助の曾祖父にあたる三代目田之助（三代目と俠客相模屋政五郎の娘お貞との間に生まれたのが六代目の祖母）は、幕末維新期の伝説的な女形で、その並はずれた美貌と卓越した演技、脱疽という難病に取り憑かれた数奇な運命、四肢を失いつつもなお舞台に上り続けた執念などがあいまって、この人物に取材した文学作品は極めて多い。そこで今回は、三代目澤村田之助を取り上げた文献で特集を組んでみた。

（一）岡本起泉『澤村田之助曙草紙』（東京堂『明治文学名著全集』第一一篇、一九二七年一二月）

田之助逝去の翌々年の一八八〇年、早くも本作が刊行された。江戸時代の合巻の流れを汲む作品で、田之助の生涯をやや興味本位に取り上げたもの。時代の空気などはさすがによく伝えられている。ここでは、「板東彦三倭一流」を併載する『明治文学名著全集』版を掲出した。現在では筑摩書房の『明治文学全集』第二巻「明治開化期文学集（二）」に収められ読みやすくなった。参考のため、一八八〇年に刊行された元版の島鮮堂版（個人蔵）を併せて掲出した。本来は五編一五冊であるが、二冊に合綴されている。

夏目漱石は「幼少の頃は沢村多之助《ママ》とか訥升とかいふ名をしばしば耳にし」(「明治座の所感を虚子君に問れて」『国民新聞』)ていて、「姉達は……田之助とか訥升とかいふ贔屓の役者の部屋へ行つて、扇子に画などを描いて貰つ」(『硝子戸の中』)ていたという。これも、同時代者の貴重な発言である。

(二)　菊池寛「澤村田之助」(平凡社『菊池寛全集』第四巻、戯曲集時代篇、一九二九年八月)

文壇の大御所菊池寛には、戯曲の代表作として元禄時代の名優に取材した「坂田藤十郎」がある。その菊池が、田之助の人生の最後の場面を一幕ものに仕立てたもの。田之助の無念さが伝わる名作である。大正初期に「足なき田之助」の表題で『反響』に、昭和初期に現在の表題に改めて『改造』に掲載された。掲出書には、本作の他、「歌舞伎若衆」「坂田藤十郎」などを収載する。

(三)　矢田挿雲『澤村田之助』(平凡社『現代大衆文学全集』一〇「矢田挿雲集」、一九二八年一〇月)
(北光書房、一九五〇年二月)

『江戸から東京へ』『太閤記』などの代表作で知られる矢田挿雲が、大正末期にホームグラウンドとも言うべき『報知新聞』に連載したもの。矢田独特の仮名遣いは、今日の読者を多少とまどわせるかもしれない。『現代大衆文学全集』は、昭和初期の円本全集のヒット作の一つであるが、この全集は著者近影を巻頭に載せる方針のため、写真嫌いな矢田の珍しい図像を見ることができる。

北光書房版は四六判並装、妖艶な表紙絵は鳥居清言の手になる。鳥居はこのころ北光書房の『国定忠治』『河内山宗俊』(子母澤寛)などの装丁を手掛けている。現在歌舞伎座の絵看板を手掛けている鳥居派九代目清光は清言の長女、今春(〇五年)黄綬褒章を受章したのは記憶に新しい。

（四）　丸木佐土『風変わりな人々』（一九三一年五月、四六書院）

三代目田之助の錦絵の蒐集家としても知られ、『田之助の錦絵』という小冊子も刊行している丸木佐土が、「清少納言」「『西部戦線異状なし』の著者」「澤村田之助」など〈風変わりな人々〉についての文章をまとめたもの。「田之助と宗十郎」「劇評より見る田之助」「田之助所演年表」なども収載。『新でかめろん叢書』の一冊。著者は『西部戦線異状なし』の翻訳などで知られる秦豊吉であるが、丸木佐土の名義で多くの珍本も刊行している。あわせて、秦の評伝である森彰英『行動する異端　秦豊吉と丸木佐土』（TBSブリタニカ、一九九八年）を展示した。

（五）　邦枝完二『振袖役者』（秋豊園出版部、一九三五年一二月）

（家庭社、一九四七年二月）

『東洲斎写楽』『歌麿をめぐる女達』『お伝地獄』などの独特の世界を持つ邦枝が、三代目田之助の生涯と正面から取り組んだ傑作。『時事新報』の連載時から妖艶な挿絵で好評を博した神保朋世の装丁も見事である。神保と邦枝は『御殿女中』（名古屋新聞）でも名コンビを組んでいる。四六判上製五八〇ページ。

家庭社版は、「家庭文庫名作選」の一冊として刊行されたもの、装丁は岩田専太郎である。四六判並製二四二ページで、秋豊園出版部版とページ数の差で明らかなように、大幅に短縮されている。贔屓、川波、競艶、黒髪、火事、明治の各章が削られているほか、元版と同じ章題でも、本文の一部が短縮されたりしている。概して、元本の「こく」のようなものが薄められている。

（六）　舟橋聖一『田之助紅』（京都新聞社、一九四七年五月、一二月）
『田之助紅　続篇』（京都新聞社、一九四七年一二月）

戦後の田之助ものの嚆矢となったもの。三輪晁勢の挿絵とも相まって『京都新聞』連載中から好評で、三輪の年譜では戦後最初の仕事として「『田之助紅』のさし絵を担当」と記されている（『華麗なる色彩の世界　三輪晁勢』図録、読売新聞社、一九八一年）。単行本としても版を重ねたほか、四七年には野淵昶監督・脚本で大映で映画化（澤村田之助に嵐雛助、河竹新七に月形龍之介、おあみに喜多川千鶴）され、戦後の舟橋の代表作の一つとなった。

展示したのは、京都新聞社刊行の単行本から、正編の初版（四七年五月、赤地に田之助の顔を大きく描いたもの）と続篇（四七年一二月、ただし「緑のしづく」まで）と、正篇再版異装本（四七年一二月、続篇刊行時に装丁を改めたもの）、そして『大衆文学代表作全集』四「舟橋聖一集」（一九五五年一月、『田之助紅』全編収載）である、いずれも三輪の装丁・カバー絵がすばらしい。あわせて、映画『田之助紅』のシナリオを展示した。事前に検閲を受けたもののようで「（土佐の）殿様」に「トルコト」、剣客の「東條英八郎」に「名前ヲカヘルコト」などの書き入れがあるのが、終戦から二年目という時代を示している。

（七）　杉本苑子『春日局』（読売新聞社、一九七〇年一二月、八〇年七月改装版）

三代目田之助の最初の手術から、悲惨な最期までを、若き医師緒方修三や田之助をめぐる女たちの姿などを絡ませながら描く、「女形の歯」を収載する。「女形の歯」は澤村藤十郎の主演で、東横劇場・新橋演舞場・中座などで上演された。掲出したのは、八〇年の新装版。一九八六年に集英社文庫、〇一年に学陽書房人物文庫から再刊。参考のために、最初に田之助の手術を担当したヘボンの伝記として、吉川弘文館の人物叢書（高谷道男著）を併置した。

（八）　佐藤靄子『澤村源之助』（光風社書店、一九七四年）

三代目田之助の悪婆物の芸風を最もよく伝え、「田圃の太夫」と呼ばれた四世澤村源之助の事跡を中核に据え、初代から五世までの源之助の略伝を前半に、佐藤の恩師木村富子の「花影流水」の覆刻を後半に、バランス良く一冊に纏めたもの。前半は資料性も高く、後半は、四世源之助の芸談「青岳夜話」が収載されていて、田之助の晩年などを知る第一級史料である。題字は著者自身の手になる。

（九）　山本昌代『江戸役者異聞』（河出書房新社、一九八六年）

吉原の蓮魚こと、豊原国周を絡ませて、田之助の生涯を描く。三代目歌川豊国に入門した国周は、幕末明治期を代表する浮世絵師で、中でも役者絵を得意とし、田之助を描いた作品も極めて多い。実際には田之助より約一〇歳年長の国周を、ほぼ同世代（「国周は田之助より一つ上の今年二十二だが」二〇ページ）として、狂言回しに仕立てている。装丁は司修で、カバー・表紙・見返しなどに国貞・豊国・国政らの役者絵・芝居絵を使用する。表紙の「若葉梅浮名横櫛《わかばのうめうきなのよこぐし》（切られお富）」は田之助の代表作の一つ。九三年に河出文庫から再刊。

（一〇）　皆川博子『花闇』（中央公論社、一九八七年八月）

八代目團十郎の弟子で、後の九代目に付き、転じて田之助の付け人を勤めた市川三すじを語り部として構成している。雪の越後で、亡き三代目の名を騙る田舎芝居の一行と三すじが出会う冒頭の場面から、読者を一挙に引き込んでいく。同じく実在の人物で、田之助の門弟であった澤村鈥次郎が自らの声を断つ逸話など、虚実を巧みに組み合わせた好編。悲劇の生涯を扱いながらも、陰惨な読後感がないのは、三すじの、ひいては作者の田之助を見つめる暖かい視線のゆえであろう。装丁は岡田嘉夫。一九九二年に中公文庫、〇二年に集英社文庫から再刊。

装丁の岡田は、皆川の中公文庫版『妖かし蔵殺人事件』（一九八九年一〇月）の解説を担当している。同書にも田之助に言及する部分があるため、併せて展示した。

（一一）　南條範夫『三世沢村田之助―小よし聞書―』（文藝春秋、一九八九年四月）

山本・皆川の作品にみられたように、三代目田之助の生涯を描いた作品が累積されてくると、周囲の人物の一人に焦点をあてて個性的な作品を目指すようになる。南條は、田之助の側で影のように支え続けた「小よし」という女性を仮構して、この女性の聞書の形で、作品を仕上げている。「小よし」の聞書自体が虚構であるが、作者は更に「私が「聞書」読了後、フッと頭をかすめた疑惑があった」などと記して、田之助の死に小よしが関与しているのではないかという疑念を漏らすなど、虚実の境界を見事に朧化している。装丁は村上豊。九二年に文春文庫から再刊。

展示資料は、三国一朗旧蔵書、南條から、三国への献呈本である。見返しに南條範夫の署名があるほか、南條の手紙が貼り付けられている珍品である。二人の交遊を示すものとして、同じく三国宛南條の署名入りの『有明の別れ』（講談社、一九八六年、装丁朝倉摂）を併せて展示した。

（一二）　西光萬吉『戯曲澤村辰之助』（解放出版社、一九九四年三月）

水平社宣言の起草者として知られ、「天誅組」「紀の国の田舎医者」などのすぐれた戯曲を多く手掛けた西光が、田之助の生涯に取材し、八幕九場の長編戯曲としたもの。一九四七年の創作だが、本書によって初めて広く公開された。田之助を澤村辰之助に、河竹新七を川竹木阿弥になど、登場人物名を巧みに改めているが、いわばこの虚構の薄衣をまとうことによって、「田之助のすべてではないが、彼のいのちの中に光っている」ものを描き出すことに成功している。「茨木」「日高川」などの劇中劇の使い方も巧みで、西光の卓越した才能を伺うことが出来る。本書に附載された七〇ページ余に及ぶ宮崎芳彦の解説も極めて高水準である。参考のために西光の伝記として、清水書院の『Century books. 人と思想』（師岡佑行著）を併置した。

（一三）　北森鴻『狂乱廿四孝』（東京創元社、一九九五年九月）

三代目澤村田之助の周辺で起こる連続殺人事件。後の九代目團十郎、五代目尾上菊五郎、守田勘弥、河竹新七、長谷川勘兵衛、仮名垣魯文、河鍋狂斎など多彩な人物が次々と登場し、八代目團十郎切腹事件や、九代目の実父六代目河原崎権之助の死をめぐるミステリまでが交錯する。このもつれた糸を解くのはだれか。そして犯人と田之助を結ぶのは細い糸か、それとも〈クジラの髭〉のような強い糸か……。第六回鮎川哲也賞を受賞した、著者会心の時代ミステリ。カバー表は、前掲の『江戸役者異聞』と同じく、「切られお富」である。

（一四）　高橋辰男・水原明人『田之助変貌』（『テレビドラマ代表作選集　一九九七年版』日本脚本家連盟、

（一九九七年一二月）

高橋辰男の原作を、高橋の没後、友人の水原明人が補筆したもの。原作高橋・構成水原として、ニッポン放送制作、九六年一一月二四日放送のこのドラマは、一九九六年度の芸術祭ラジオドラマ部門優秀賞を受賞した。高橋の執念と水原の友情とが美しく結実した。

田之助を澤村藤十郎が、兄の訥升に松本錦吾、河竹默阿弥に北村和夫、ほかに澤村鐵之助・澤村国久・松本幸右衛門らが脇を固めている。

（第一八回福岡女子大学附属図書館所蔵資料展・二〇〇五年五月〜八月）

一九、自伝と評伝・映画と音楽

今年、二〇〇五年九月三〇日は、ジェームス・ディーンが自動車事故のために急逝してから五〇年になる。健在であれば七四歳、その姿は想像だにできないが、念願のハムレット役者を経て、監督になっていたであろうか。役者は多くの人生を演じてみせるが、自身の人生も、見る角度によっていくつもの相貌を見せる。天才的な音楽家の人生もまた同様のことが言えよう。神格化と神話の破壊の振り子の揺れの中に人生があるのだろう。

今回は没後五〇年のジェームス・ディーンから、生誕九〇年のビリー・ホリディまでを関係者の評伝や自伝、関連書籍で連想的に繋いでみた。

（一）『ジェームズ・ディーン　破れた夢の道』（ポール・アレクサンダー著、東江一紀訳、近代文芸社、一九九四年九月、三八〇〇円）

『青春映画の系譜』（佐藤忠男著、秋田書店、一九七六年四月、一二四〇円、装丁林静一）

ジェームス・ディーンの生涯を評伝的にまとめたものはかなり多い。写真集のようなものまで含めれば、日本で刊行されたものだけでも四〇種類くらいになるのではなかろうか。中では初期のデニス・ストックのもの、没後三〇年頃のウィリアム・バーストのものなどが公約数的なものであろう。芳賀書店の『シネ・アルバム』のシリーズも、後年はやや乱造気味になったが、初期に刊行されたものは水準の高いものが多く、第七分冊の『ジェームス・ディーン』（七二年）も、三島由紀夫、淀川長治などの格調高い文章を適宜配してなかなかの編集ぶりである。展示したものは、やや神格化されたその生涯に挑んだ、異色のものである。本書の視点に関しては賛否両論があろう。あわせて、林静一描くジェームス・ディーンをカバーにした、内外の青春映画を論じた佐藤忠男の好著を併置した。

（二）『ジャイアンツ』（上下）（エドナ・ファーバー著、中西英一訳、早川書房、上巻一九五七年一月、二〇〇円、下巻五六年八月、二〇〇円、装丁勝呂忠）

ジェームス・ディーン主演映画の原作で、同じ早川書房から刊行されたもので『エデンの東』の方は現在でもハヤカワ文庫で手軽に読めるが、『ジャイアンツ』の方は、映画封切り前後に刊行された四六版のものしかないので貴重である。下巻裏表紙の解説には「巨匠ジョージ・スティーブンスの監督下に、若くして逝った天才ジェームス・ディーン主演で映画化され、大きな期待がもたれている」とある。『ジャイアンツ』の日本公開は、この下巻刊行の四か月後五六年末であった。なお、本学所蔵本によれば、下巻の発行が先行する。

（三）エドナ・ファーバーの著作

『ソー・ビッグ』（並河亮訳、リスナー社、一九四九年一二月、二四〇円、装丁丸岡定雄）

『サラトガ本線』（竹内和子訳、リスナー社、一九五〇年四月、一八〇円、装丁丸岡定雄）

『ショウ・ボート』（大久保康雄訳、三笠書房、一九五二年五月、二五〇円、装丁藤岡光一）

『ジャイアンツ』の原作者エドナ・ファーバーは「ウィラ・キャサー、パール・バックと並んでアメリカの三代女流作家の一人」（『ソー・ビッグ』「訳者序」）とも言われていたが、今日ではその翻訳を手にするのは簡単ではない。NACSIS WEBCATで検索すると、ここに掲出したどの作品もごく少数の大学で所蔵されているに過ぎない。いずれも映画化され好評を博したもので、中でも『サラトガ本線』はクーパーとバーグマンの美しい写真九葉が冒頭に添えられている。

（四）『リズ（上下）』（クレメンス・デビッド・ハイマン著、広瀬順弘訳、読売新聞社、一九九六年三月、各一六〇〇円、装丁渋川育由、装画岩下篤也）

さて、ジェームス・ディーンの遺作『ジャイアンツ』で共演したエリザベス・テーラーは、可憐な少女時代から、美貌を謳われた五〇年代、〈演技派〉を目指した六〇年代、リチャード・バートンとの「別離」が話題であった七〇年代、酒と薬物の噂の絶えない八〇年代と目まぐるしく変化し、毀誉褒貶のはなはだしい女優である。『ジャイアンツ』の頃は美しさの頂点にあった。役の上とは言え、ジェームス・ディーンが思いを寄せるのは、キャロル・ベイカーではなく、リズこそが相応しかったのである。評伝のたぐいも多く、早くに自伝『エリザベス・テーラー　愛の自叙伝』（宮川毅訳、恒文社、一九六六年）があったが、八、九〇年代の『エリザベス・テイラーの挑戦　私が太った理由、痩せた方法』（新潮文庫）、『エリザベス・テイラーなんかこわくない』（文春文庫）などの邦題にこの女優の面目躍如たるものがある。掲出書は四六判二冊で八〇〇ページ近い厚冊で、巻末に詳細な「チャプター・ノート」があり、関連資料と比較しながら読むことができる。

（五）『エリア・カザン自伝（上下）』（エリア・カザン著、佐々田英則、村川英訳、朝日新聞社、一九九九年四月、各五〇〇〇円、装丁加藤光太郎、装画石川清）

映画関係者の評伝・自伝において、長さという点では誰にもひけを取らないのが本書である。もちろん内容も濃密で、帯にも記されている如く、映画や演劇を通してみた一九三〇年代から六〇年代までの、アメリカの歴史と言っても過言ではない。アメリカ中が魔女狩りに奔走した観のあるマッカーシズムの時代に、一敗地にまみれたカザンは、ひたすら芸術に沈潜し『エデンの東』に代表される秀作を次々と世に送り出すことになる。転向という視点から、日米の、文学者と映画関係者の比較も面白いかもしれない。因みに、カザンは『エデンの東』の後、キャロル・ベイカーで『ベビィドール』を撮る。原作は次項に掲げるテネシー・ウィリアムズである。

（六）『マーロン・ブランド自伝　母が教えてくれた歌』（マーロン・ブランド、ロバート・リンゼイ著、内藤誠、雨海弘美訳、角川書店、一九九五年六月、二四〇〇円）

『テネシー・ウィリアムズ回想録』（テネシー・ウィリアムズ著、鳴海四郎訳、白水社、一九七八年九月、二五〇〇円、装丁平野甲賀）

カザンの自伝の第二〇章は、カザンとテネシー・ウィリアムズとマーロン・ブランドとの「幸福な出会い」（同書小見出し）について触れている。もちろん舞台と映画の『欲望という名の電車』のことである。この「幸福な出会い」を語るカザンの自伝と、本書の第三章を併せ読むことができるという幸運を、今日私達は手にしている。あわせて、『欲望という名の電車』の作者、テネシー・ウィリアムズの、演劇以上に刺激的な回想録を掲出した。

ブランドの自伝の巻末には、パーティ嫌いのジェームス・ディーンとマーロン・ブランドが同席している珍しい写真（ブランド蔵）が付載されている。

（七）『未完の女　リリアン・ヘルマン自伝』（リリアン・ヘルマン著、稲葉昭雄、本間千枝子訳、平凡社、一九八一年三月、一八〇〇円、装丁山口はるみ）

二〇〇五年は、『子供の時間』（オードリー・ヘプバーン主演の映画は『噂の二人』の邦題で公開された）の作者であるリリアン・ヘルマンの生誕一〇〇年の年でもある。リリアン・ヘルマンは赤狩りの嵐の中、激しく時代に抗ったことでも知られる。転向と抵抗と、いずれにしても苦難の道を歩んだヘルマンとカザンは、好むと好まざるに関わらず、紛れもない同時代人であった。本書は『ジュリア』として映画化されたもの、邦訳『眠れない時代』などと共に、回想記三部作の一つである。一九九三年には平凡社ライブラリーに収められ新しい読者を獲得している。

（八）『真実　パトリシア・ニール自伝』（パトリシア・ニール、リチャード・ディニュート著、兼武進訳、新潮社、一九九〇年六月、二五〇〇円）

ゲーリー・クーパーとの悲劇の恋でも知られるパトリシア・ニールは、リリアン・ヘルマンの『森の他の部分』で注目され、ハリウッド進出を果たした。クーパーとの恋に破れてブロードウェイに戻った時も、『子供の時間』で復活、ロアルド・ダールとの出会いのきっかけを作ったのもヘルマンであった。その後のパトリシア・ニールの人生は子供や自身の病気などさまざま苦難があったが、それらを乗り越えて、穏やかな晩年を迎える。

クーパーのお気に入りの作品『サラトガ本線』（三を参照）を自宅で映写した時、クーパーの妻ロッキーの留守中に家に入るのを潔しとしなかったパトリシア・ニールは、「中庭から、ガラス戸越しに覗きこんだ」という。その抑制があったからこそ、後年「わたしの人生で特別に大事だったふたりの人、マリア・クーパーとその父親」とはばかりなく口にすることができたのだろう。

（九）『ヴァネッサ・レッドグレーヴ自伝』（ヴァネッサ・レッドグレーヴ著、高橋早苗訳、平凡社、一九九四年四月初版、三四〇〇円、装丁中島かほる）

クイーン・メリーから、イサドラ・ダンカン、ダロウェイ夫人まで、実在の人物を時空の彼方から甦らせるヴァネッサ・レッドグレーヴが、映画『ジュリア』では若き日のリリアン・ヘルマンに多大の影響を与えた女性ジュリアに扮している。フレッド・ジンネマンの手によって、スリリングな中にも骨太の映画に仕上げられていた。抑圧者・強権者に対して徹底的に対峙したヴァネッサのこの自伝の末尾は、一九九一年当時の米英によるイラク攻撃に関する記述である。「イギリスの新聞やテレビは見るに耐えない状態」「人種差別的な風刺漫画が掲載され、戦争に反対する意見はほとんど見られない」という状況から更に一五年、その後の世界情勢を考えると暗澹たるものがある。

（一〇）『すべては愛に　天才ピアニスト　デヴィッド・ヘルフゴットの生涯』（ギリアン・ヘルフゴッド、アリッサ・タンスカヤ著、中埜有理訳、角川書店、一九九七年四月、一八〇〇円）

ヴァネッサの妹のリン・レッドグレーヴも女優で、早くに『ジョージー・ガール』（一九六六年）という佳作があった。このリンは、精神の病を抱えた天才ピアニストのデヴィッド・ヘルフゴットを描いた映画『シャイン』では、デヴィッドの妻になる占星術師ギリアンを演じている。『シャイン』はヘルフゴッドに扮してアカデミー賞、ゴールデン・グローブ賞など主演男優賞を総なめにしたジェフリー・ラッシュの熱演が光るが、リンも英国アカデミー賞助演女優賞にノミネートされた。本書はギリアンとアリッサ・タンスカヤの共著で、冒頭にはデヴィッドの誕生日に長身のリン（『ジョージー・ガール』はそれを生かした映画であった）とデヴィッドが抱擁するほほえましい写真などが掲げられている。ヘルフゴッドはその後も演奏活動を続けており、最近では二〇〇一年一一月福岡シンフォニーホール（アクロス福岡）などでリサイタルを開いた。

（一一）『ジャクリーヌ・デュ・プレ』（キャロル・イーストン著、木村博江訳、青玄社、一九九二年七月、

三二〇〇円）

『風のジャクリーヌ　ある真実の物語』（ヒラリー・デュ・プレ、ピアス・デュ・プレ著、高月園子訳、ショパン、一九九九年一一月、一九〇〇円、表紙画大竹茂夫）

美しい音色を聞かせてくれたヘルフゴッドとは対照的に、来日したものの結局演奏を果たせなかったのがジャクリーヌ・デュ・プレであった。二〇世紀最高の女性チェリストで、僅か四〇年余の短い人生の中で、天賦の才能を開花させ天才の名を恣《ほしいまま》にした前半生から、難病に苦しめられた後半生へと暗転し、伝説の人となった。

イーストンの著書では冒頭に「謝辞」が記されているが、そこには「この伝記を書くにあたってジャクリーヌの夫および弟と姉は協力を断ったが……他の人々は快い協力を惜しまなかった」と記されている。この挑戦的言辞に答えるかのように、ジャクリーヌの姉ヒラリーと弟ピアスが著したのが『風のジャクリーヌ』である。全く取材源が異なる二書だけに、両書を併せ読むことが望まれる。『風のジャクリーヌ』の方は、『ほんとうのジャクリーヌ・デュ・プレ』の邦題で映画化公開された。エミリー・ワトソンがジャクリーヌに扮し『奇跡の海』同様の熱演を見せている。

（一二）『世界ノンフィクション全集』（筑摩書房、一九六三年三月、三八〇円、装丁原弘）

『奇妙な果実　ビリー・ホリディ自伝』（ビリー・ホリディ著、由井正一、大橋巨泉訳、晶文社、一九七一年初版、八四年二三刷、一二〇〇円、装丁平野甲賀）

『月に願いを　ビリー・ホリディの生涯とその時代』（ドナルド・クラーク著、師岡敏行訳、青土

社、一九九八年一二月、三八〇〇円）

『チャーリー・パーカーの伝説』（ロバート・ジョージ・ライズナー著、片岡義男訳、晶文社、一九七二年一〇月初版、八九年二月一四刷、二二〇〇円、装丁平野甲賀）

ジャクリーヌ・デュ・プレ以上の凄まじい生涯のために、何度か企画されながらも結局実現しなかったのが、ビリー・ホリディの伝記映画である。エヴァ・ガードナーやドロシー・ダンドリッジなどが主役に擬せられていたという。クラシックとジャズという相違はあるが、ビリー・ホリディもやはり四〇代で早過ぎる死を迎えた。一九一五年の生まれであるから、今年が生誕九〇年である。『奇妙な果実』は早くに邦訳が出、筑摩書房『世界ノンフィクション全集』にも『黒い悲しい歌』の邦題で収められている（ただし一部省略）。この全集の同じ巻には、エロール・フリンの『ハリウッドの王子』やキャパの『ちょっとピンぼけ』も収載され、篠田一士の解説が付せられ、六〇年代の出版文化の厚みというものを感じることができる。現在このような叢書が企画されることはない。フリンの『ロビン・フッド』のDVDを僅か五〇〇円で入手できる恵まれた環境に私達はいるが、その代わり失ったものも多いのである。

ドナルド・クラークの近著は、多数の証言を集めた決定的評伝である。同書のあとがきで訳者が賞揚している名著『チャーリー・パーカーの伝説』を並置した。

（第一九回福岡女子大学附属図書館所蔵資料展・二〇〇五年九月～一〇月）

二〇、川端文学と美の世界

日本人最初のノーベル文学賞受賞者である川端康成の文学は独特の美の世界を持っており、それが国外においても高い評価を受けた理由の一つである。その川端の文学作品が書物の形で結実するとき、身にまとった装丁もまた独自の美しい世界を構築する。初期の金星堂版や江川書房版の『伊豆の踊子』、創元社版『雪国』から、最晩年の牧羊社版の限定版の『雪国』『古都』など、造本の美しさや豪華さで耳目を驚かせたものは多い。それらは複製が刊行されたり、各種文学資料館で展示され、眼に触れることも多いから、ここでは発行当時は広く流布したものの、図書館などでは函やカバー付きで保存されることの少ない資料を中心に構成してみた。

（一）『川端康成自選集』（集英社、一九六八年一一月初版、二八〇〇円）

集英社は、一九六四年から「自選集」シリーズとして、川端・志賀・谷崎・三島・武者小路などの文豪の署名入り本を限定千部（ただし『志賀直哉自選集』のみ四三〇部、制作中に死去した『山本有三集』には一部未署名本があり、『谷崎潤一郎集』は全冊松子夫人の代筆となった）として刊行して人気を博していた。掲出書は、川端のノーベル文学賞を受けて、この限定本を底本として記念版を作成、のち普及版として一般に市販されたもの。ノーベル文学賞受賞記念らしく、元版にドナルド・キーンの和文解説、サイデンステッカーの英文解説が追加されている。表紙は重要無形文化財（人間国宝）中村勇二郎型彫の伊勢型小紋一越絹地装。外函や扉の装画を担当したのは東山魁夷で、後の限定本の傑作『古都』を彷彿とさせるものである。当時としては豪華な装丁で話題になったが、発行部数が多く、川端の署名も入っていないため、現在でも当時の値段に近い古書価で購入できる。元版（同額の二八〇〇円）の古書価は当時の一〇倍程度に跳ね上がっている。

（三）『川端康成選集』（新潮社、一九五六年一月～一一月、各二六〇〇円）

『みづうみ』（新潮社、一九五五年初版、六八年一〇月第五刷、四五〇円）

川端文学の装丁には、小穴隆一・芹澤銈介・安田靫彦・小林古径・小倉遊亀・加山又造・東山魁夷など錚々たる美術家が関わっているが、昭和三〇年代に印象的な仕事を多く残したのが、書家の町春草である。町春草が題字や装丁に関わった川端本は数多いが、その代表格が本選集である。全一〇冊の一つ一つが異なった世界を現出している。題字のみならず、装丁まで完全に任せられた町は最初はとまどったが、最終的には川端も大変気に入った出来映えとなった。町も自著『書芸の瞬間』の中で、自分自身にとっても忘れられない仕事であるといっている。ここでは『雪国』『舞姫』『名人』の冊を展示した。函と表紙の筆跡の変化も注意してみてほしい。

『みづうみ』は、装画は徳岡神泉が担当。本学所蔵本は、ノーベル文学賞受賞同月の重版で、帯にはいち早く、そのことがうたってある。当然四刷以前にはこの帯はなく、これも今となっては懐かしい資料である。

（三）『千羽鶴』（筑摩書房、一九五二年三月初版、四月三版、二五〇円）

川端康成の代表作の一つの『千羽鶴』は、経営危機にあった筑摩書房を甦らせた書物としても知られる。小林古径の装丁の豪華本は「敗戦後の豪華版の走りといわれるような出来栄え」で、「翌三月に出た普及版は二十万を越えるベストセラーにな」ったという（和田芳恵『筑摩書房の三十年』）。本学にはそのベストセラーの普及版の第三版を所蔵しており、芸術院賞受賞の帯付きのまま保存されている。参考のために、函入りの特製版と、『雪国』との合冊で小倉遊亀が装丁を担当した角川書店本を併置した。

（四）『女であること（1）（2）』（新潮社、（1）一九五六年一〇月初版、二八〇円、（2）五七年二月初版、三〇〇円）

華道草月流二代目の勅使河原霞の美しい生花が表紙を飾る異色の装丁が本書『女であること』である。朝日新聞連載中から好評であった森田元子の挿画も連載の第一回分から、三八、七〇、九〇、一〇四、一〇八、一四五、一七六、二〇一、二五一回（最終回）の計一〇葉が再録されている。本学には、連載当時の朝日新聞の紙面を切り抜いてスクラップした資料が所蔵されており、第一回と最終回の分を併置した。連載小説の挿絵研究などでは、このような資料も貴重である。

（五）『東京の人（1）〜（3）』（新潮社、一九五七年二、三月、各二五〇円）

川端康成の名前で刊行された最長編小説。北海道・中部日本・西日本新聞の三紙連載中から大好評で、後に日活で映画化、NTVやNHKもドラマ化した。三浦洸一の同名歌も評判を呼んだ。金島桂華を表紙絵・扉絵などの装丁に起用した新潮社の単行本（四六並製全四冊）も好調な売れ行きで、同社はさらに一層求めやすい普及版をと考え、小型の全書版に近い三冊本に改編して刊行した。こちらは装丁を橋本明治が担当した。ここでは、三冊本を掲出した。金島の装画は、後掲の『金島桂華画集』参照のこと。

（六）『川端康成全集』（新潮社、一九六九年～七四年、一三〇〇円～一七〇〇円）

美しい装丁をまとった川端文学の単行書を挙げていくと際限がないが、見落とされがちなのが、選集・全集類の装丁である。戦前の八冊版の選集は芹澤銈介装丁の限定版・林芙美子装丁の普及版ともに評価が高いが、戦後間もない頃の一六冊版の全集は各冊異なった安田靫彦の表紙絵が評判で、後に限定三〇〇部の豪華版『川端康成全集装画帖』（中央公論美術出版、一九七六年一〇月、六〇〇〇〇円）にまとめられる。各冊異装は上記町春草装丁の選集でも継承され、さらに今回の一九冊版の全集では、書家の松井如流が川端文学の作品名を変化のある書体で揮毫し、カバーとした。本全集などは、この函に掛けられたカバーを外してしまうと、全巻同一のやや平凡な装丁となってしまうため、本学では原型のまま所蔵している。ここでは『雪国』『舞姫』『名人』などを収載する三冊を展示した。町春草の書跡とも比較されたい。

当初は一四冊版の全集として企画されたが、川端の死を挟んで一部編集が見直され、最終的には一九冊となった。刊行時期が長期にわたり価格も変動するのはそのためである。

（七）『松井如流作品集成』（講談社、一九八三年一一月、五〇〇〇〇円）

前記『川端康成全集』の作品名を揮毫した松井如流の代表作を収録したもの。九二、九三ページには『全集』一、一二、一三、一六巻のカバーに使われた作品が収載されている。「伊豆の踊子」「温泉宿」「落花流水」「文学時評」など、さまざまな書体を駆使し、濃淡・肥痩にも変化を持たせた巧みな筆致を味わってほしい。

（八）『川端文学詩歌の世界』（鈴木桐華、アートプロデュース社、一九八五年三月、三五〇〇〇円）

川端康成の自作の詩歌を素材に、書の作品を作成しようとしたもの。先述した『川端康成全集』の関係から、揮毫をするのは、当初は松井如流が予定されていたが、健康上の理由で辞退、松井門下で前掲『松井如流作品集成』の編集にも尽力し、後記で謝辞を述べられている鈴木桐華《すずきとうか》が担当することとなったもの。鈴木は「龍紋紙《りゅうもんし》、蠟箋《ろうせん》、そのほか作品内容にふさわしい紙・墨・筆を駆使」し「書家の感性を燃焼させ、命を注ぎ込」んだ（編集後記　北川栄一）。表紙から奥付まで全四四紙をそのままの形で帙《ちつ》に収めて一書の形とした。冒頭に日本芸術院長有光次郎を筆頭に、長谷川泉、松井如流が祝辞を寄せ、巻末に鈴木のあとがき、書家略歴、編集後記を付す。七〇〇部限定出版。ここでは、師の松井如流が「雪晴れて杉一つ一つ立ちにけり」の句を、鈴木桐華が『掌の小説』から『母』の文章を揮毫した部分を展示した。

スペースの関係で展示できなかったが、本学には、類書として金子鷗亭が川端作品を揮毫した『川端文学燦文集』（アートプロデュース社、三六〇〇〇円）も所蔵する。卒業生の寄贈による豪華本である。

（九）『金島桂華画集』（便利堂、一九七一年八月刊、四三〇〇〇円）

大正七年の「叢」から、昭和四六年の「明けゆく比良」まで半世紀以上にわたる金島の代表作七六点を網羅した大型の画集。限定三〇〇部のうち第二二一番本。見返しに「金島桂華」の墨書署名入り。川端康成は本書の冒頭に「金島桂華氏の芸術」の一文を寄せ、『東京の人』の装丁を担当してくれたことに謝辞を述べている。川端は「『東京の人』の第二巻の扉絵はプウドルの素描であるが、その同じ犬が、第一〇回日展出品作『画室の客』に描かれている」と続けて、金島の芸術に貫流するものを見事に言い当てている。見開きで示したのは昭和三一年の「冨有柿」で『続々　東京の人』の表紙絵に使用されたものと同じモチーフである。

（一〇）『眠れる美女』（原稿複製、ほるぷ出版、一九七二年一二月）

最後に川端自身の筆跡を示しておく。ほるぷ出版が編集し、関連会社の図書月販が販売を担当した『日本名作自選文学館』のシリーズの一つで、『眠れる美女』一七六枚の原稿が複製刊行された。自筆原稿を複製して高価な限定版として刊行することは谷崎潤一郎の『蘆刈』『春琴抄』など多くの例があるが、本書は普及版を意図したものとして評価できる。長谷川泉執筆の別冊解説付き。

参考資料として、川端康成の肉筆署名を、『川端康成自選集』（元版）から示しておく。

（第二一〇回福岡女子大学附属図書館所蔵資料展・二〇〇五年一一月～一二月）

二一、小さな本の大きな世界

前回の展示では、画集・墨跡・原稿複製など、大型本が多くを占めたので、今回は一転して小型本を集めてみた。小型の本としては、文庫版・新書版が今日では代表格であるが、更にそれよりも一回り小さいサイズの、豆本《まめほん》・袖珍本《しゆうちんぼん》などとよばれるものもある。今回はこの小型本を中心に特集を組んでみた。

（一）『ポケット・ブック・コレクション』全一〇冊、小山書店（一九五五年一〇月三〇日、各四〇円）

文庫本のちょうど半分の大きさで、小さなポケットにも収まるサイズである。三方折り返しにしたフランス装も実に愛らしい、当時の通常の文庫本と逆で下小口を化粧裁ちしていない。『青春の文学Ⅰ』というサブタイトルにふさわしく、啄木・敏・藤村・晶子の詞華集に『たけくらべ』『坊っちゃん』『山椒大夫』『若きエルテルの悩み』『田園交響楽』などを含む。当時の若者には愛読されただろうが、今日では公立図書館、大学図書館にはほとんど所蔵されていない。各冊分売されたが、セット購入には化粧箱も付けられた。

都道府県立図書館を横断検索してもデータにはほとんど出てこないが、福岡県立図書館には続刊『青春の文学Ⅱ』を所蔵。国会図書館以外では完揃いを閲覧しにくいシリーズが、県立福岡女子大学と福岡県立図書館との蔵書を併せることで全体像が確認できるのは貴重である。

（二）『胡蝶掌本』（胡蝶の会、非売品、刊行中）

石橋一哉が代表を務める、会員組織胡蝶の会の豆本。桝形本と言っても良い独特の判型と、手作りの暖かさが伝わってくる、滋味掬《きく》すべきシリーズ。各冊内容が高水準であるのは言を俟たないが、表紙をずらりと並べて見るだけでも楽しい。いくつかの連載ものを含み、長谷川卓也『戦中読書悲録』『私の銀幕残映』は市民の側からの記録として、小林信彦の著述などと併読すべきもの。古書店現世の主人で、雑誌『未来』や古書目録「逍遙」末尾の店番日記などに達意の文章を展開する向井透史は、『早稲田古本劇場』継続刊行中。第百冊目の八木福次郎『本の中で』には、大阪万博の開かれた一九七〇年から刊行を始めた「古通豆本発刊覚書き」の貴重な証言がある。

（三）『胡蝶豆本』（胡蝶の会、非売品、刊行終了）

胡蝶掌本の前身と言って良いシリーズ。ここでは胡蝶豆本第一三の吉田直弘『川端本有情』を展示した。限定一五〇部の八八番本。吉田の川端本三部作の嚆矢で（他の二つは第一九『川端本揺曳』、第二四『川端本光芒』）。吉田はほかにも『細川書店本』という好著もこのシリーズから刊行している）、扉の前には「吉田直弘様　川端康成」の筆跡を影印で載せている。三部作共に、内容・装丁相俟って一つの世界を構築する川端本に迫った好著である。その著者らしく、並装本以外に作成された特装五部本では、『伊豆の踊子』『千羽鶴』『東京の人』などをデザインした美しい外函に収められている。参考のために、特装本三冊（個人蔵）を併置した。

(四)『こつう豆本』(日本古書通信社、一九七〇年~)

豆本の名前を冠したものは全国に多種多様なものがあるが、その中でも最も良く知られ、また最も広く普及したものが、日本古書通信社の『こつう豆本』のシリーズである。現在までに一四一点刊行、とじひもが可愛らしい袋入り並製本《なみせいほん》と、革装《かわそう》・布装《ぬのそう》など装丁に意匠を凝らした特製本とがある。

ここでは、並製本として、第八二・弥吉光長『チェンバレンの交友』(一九八八年一一月、五〇〇円、表紙カットはアイヌ模様)を、特製本として第三六・今村秀太郎『やぽんなと白水社本』(七八年九月、革装「古東多卍《ことたま》」題字箔押)を展示した。後者所収の「白水社特製限定版書目」のうち、東郷青児装『窄き門』は局紙装本三八六番本を、同書を翻訳した山内義雄の文章を集めた『翻訳者の反省』(『こつう豆本』一一七)は特製本を、共に本学で所蔵。第七回所蔵展で展示した。

(五)『日本文学選』(光文社、一九四五年~四九年)

小型本の代表格は何といっても文庫版である。アテネ文庫や岩波文庫以来、日本の出版文化の重要な部分を担ってきたが、ここでは終戦の混乱まださめやらぬ時期に、文庫版で近代日本文学の名作を多く刊行した『日本文学選』を掲出した。時代が時代だけに国会図書館の所蔵も三〇冊弱で、全体の六割にも満たない。本学では九冊を所蔵。一冊あたりの単価も、一〇円以下で出発したものが一〇〇円台になるなど、当時のインフレの激しさを反映している。ここでは、初期のものから、国木田独歩『武蔵野』と樋口一葉『たけくらべ』を展示した。どちらも国会図書館のNDL-OPACには所蔵情報がないもの。独歩はこの叢書では五冊刊行と、厚遇されている作家であり、巻末広告には漱石選集と並んで独歩選集の名も見られる。『たけくらべ』は確認できるだけでも、九円→一七円→二二円→七〇円とめまぐるしく定価改定がなされている。

なお、円本時代の改造社『世界大衆文学全集』、平凡社『新々傑作小説全集』を初めとして文庫サイズの全集は意外に多い。

（六）『戦後十年名作選集』（光文社、一九五五年、各一三〇円）

『日本文学選』にやや遅れて、同じ光文社から、新書版ですぐれたアンソロジーが刊行されている。戦後一〇年の代表的な中・短編小説三九作を七冊の新書版に収めた。三島・太宰・野間・堀田・梅崎・大岡をはじめ戦後派の錚々たる作家が、田宮虎彦『足摺岬』、丹羽文雄『嫌がらせの年齢』、林芙美子『晩菊』、上林暁『聖ヨハネ病院にて』、原民喜『夏の花』など一時代を画した名作が、ずらりと並んでいる。編集にあたった臼井吉見の、ですます調の解説も分かりやすく水準が高い。解説と言えば裏表紙の「作者紹介」も簡にして要を得たもの。一冊一冊が色違いの装丁もすばらしい。

（七）丹羽文雄『鮎』（未来工房、一九八三年、六五〇〇円）

胡蝶豆本やこつう豆本の特製本に見たように、豆本は装丁そのものに意匠を凝らし、存在自体が小さな芸術作品であると言っても過言ではない。掲出書はその代表格である。

浅田次郎や赤江瀑らの豆本を手掛ける未来工房が刊行したもの。吉井勇の『わびずみの記』特製本を彷彿とさせる表紙に、純銀製の鮎が美しい姿を見せている。丹羽文雄のいわゆる「生母もの」の代表作。限定二六〇部のうちの第九〇番本、著者の署名が入る。

（八）　丹羽文雄『鮎』（成瀬書房、特別愛蔵本、一九七三年、八五〇〇〇円）

対照の妙を考えて、同じ丹羽の『鮎』の大型の豪華本をもう一冊展示する。

一九七〇年代、八〇年代を中心に特異な限定版を多く世に送った成瀬書房が刊行したもの。成瀬書房は「署名入り限定版文学全集」を意図し、発行部数二〇〇部前後、定価二〇〇〇〇円前後の限定本を約八〇種刊行している。部数の多さや、求めやすい価格など、これらはいわば限定版の普及版とも言うべきものである。成瀬書房は、更にこの中から一〇数種を、大型の「特別愛蔵本」として別途刊行している。こちらは発行部数を一一部から三〇部程度に押さえ、価格は三五万、四〇万円というものまでである。本書は「特別愛蔵本」の第一冊目を飾るもの。永田一脩が岐阜県馬瀬川で釣った鮎の魚拓をそのまま表装したもの。見返しに金布目和紙《きんぬのめわし》、三方金《さんぽうきん》は二二金を使用という贅沢な作りである。二重函入り、内箱は会津産桐箱、外箱蓋裏に鮎の郵便切手と限定番号を記した小紙片を貼付。市販限定三〇部のうち第二一番本。

（第二一回福岡女子大学附属図書館所蔵資料展・二〇〇六年一月〜二月）

第三章 『川端康成全集』とNACSIS WEBCAT

一

図書館の蔵書を検索するということに関しては、近年長足の進歩を遂げた。

従来のカード型検索は、書名目録が中心であり、これに著者別目録と函架番号別目録、親切なところで叢書内細目目録が別にあるという程度であった。従って、書名や叢書の冒頭を間違えたりするとまず検索できないし、角書きがあったりするとますます面倒である。また蔵書は絶えず増え続けるから、目録カードは不断に追加が必要であり、それをにらんで、新たなカード挿入が可能なスペースを確保する必要があったし、それがうまくいかない場合は、ケースの移動が必要になる。カードをめくるのに苦労するぐらいにぎっしりと詰まったケースもあった。なによりも一度に一人しか検索できないから、目指す書名のあたりや、番号のあたりのカードを検索している人がいて、その人が終了するまで待ち遠しく思った経験は誰にもあろう。

それが端末方式の検索になってから、図書館側からすればデータの追加も容易になったし、利用者側からすれば限界はあるものの様々な文字列検索も可能になった。端末の数だけ、誰でも同時並行で検索できるというのは特に便利であった。それも、当初は、図書館内に備え付けの端末から、その図書館の蔵書の検索にとどまっていたが、インターネットの急速な普及によって、OPACを通して、現在その場所にいなくても、別の大学や機関の図書館の蔵書を検索できるようになり、利便性は飛躍的に拡大した。国会図書館の蔵書のOPACによる検索などは、その最たるものである。更に特定の大学や機関の蔵書を検索するために、検索可能な機関を一覧できる、*JAPAN OPAC LIST（日本国内図書館OPACリスト）のようなものが作成されるようになる。[1] 類似のものは多いが、筆者の乏しい経験では、東京工業大学附属図書館から入って、*全国大学図書館WEB（日本国内の大学図書館関係WWWサーバ）を利用するのが最も使い勝手が良いと思われた。

　しかし検索という点から言えば、個別検索よりも、横断検索の方が圧倒的に効力を発揮する。古書の分野でも、情報総量という点では、どのように巨大な在庫を誇る古書店でも、日本の古本屋やスーパー源氏のような横断検索の可能な、データベースにはかなわないのと同じことである。その意味で、蔵書検索ということに関しては、国立情報学研究所の総合目録データベースWWW検索サービスである、NACSIS WEBCATの存在は極めて大きい。この総合目録データベースが完備した暁には、正確な書籍情報、それも全国規模のものをたちどころに入手することが出来るようになり、学術研究に寄与することは甚大であろう。個別の図書館の蔵書管理という点から考えても、たとえ一般的な活字出版の図書であっても、所蔵が全国的に稀少になっている図書は、その図書の管理や保存に十二分な配慮をすることが可能になる。大学、図書館、研究者のいずれにとっても、極めて重要なシステムなのである。ただ現在のNACSIS WEBCATのデータには、データの集積過程で生じた誤謬が散見する。

一例を挙げれば、『角川版昭和文学全集』[2]をNACSIS WEBCATで検索すると、第一八巻「宮沢賢治集」のデータのみが二重に出てくる。その二つを個別に詳細表示すると、書籍情報の中のページ数が異なっているために、別データとなってしまったことが分かる。すなわち、この本のページ数を四五五ページとするのが、慶応義塾、奈良女子大学など一六機関、これに対して四五一ページとするのが、フェリス女学院大学以下の三機関である。[3]手許にある、「宮沢賢治集」の一九六二年八月発行の初版によれば、四四八ページから四五五ページまでは年譜であるから、総ページ数は正しくは四五五ページである。項目の切れ目でもない四五一ページという情報がどこから来たのかは不明であるが、何か事情があるのかもしれない。ともあれ、この例は、『角川版昭和文学全集』の細目を詳細表示させたときに、「宮沢賢治集」だけが続けて出てくるのですぐに気づきやすいものである。離れて出てきたり、逆にいくつかのデータが合わさって新たな一つのデータになったりする場合は、一見誤りが見えにくいものである。そのために新たな誤解が生じたりする。そのような例を収集し、誤謬の発生する型を分析することによって、より正確な総合目録の構築が可能となるであろう。

本章は、『川端康成全集』の事例を取り上げて、その一例を考察してみようとするものである。

二

最初に、『川端康成全集』そのものについて簡単に見ておく。

川端康成の作品を集めて一つの叢書とした全集や選集として、(4)最も早いものは、戦前、一九三八年に改造社から刊行された全九冊の『川端康成選集』である。林芙美子装丁の普及版と、芹澤銈介装丁の特装版とがある。後者は発行部数も少なく、全冊川端の署名入りであるから、古書価もかなり高価であるので、目録などで目を引くことがある。(5)これらは特装版は勿論、普及版を含めても今日では稀覯本の部類に属すると言っても良かろう。この選集を除くと、『川端康成全集』『川端康成選集』と呼ばれるものは、今日まで、四つの全集と一つの選集が刊行されているが、出版社はいずれも新潮社である。これらについて少し具体的に見ておこう。

A『川端康成全集』全一六巻。B六判。四〇一ページ～四五一ページ。一九四八年五月～五四年四月。

川端の生誕五〇年を記念して、新潮社としては戦後初めて刊行した個人全集である。(6)刊行期間がやや長期にわたるのは、当初は三か月に一冊の刊行、最後は半年から一年の間隔があることによる。注目すべきは、「紅梅」「染付香合」「秋海棠」「弥勒菩薩思惟」など全巻異なる美しい表紙の絵である。これはすべて安田靫彦の手になるもので、それを更に藍染めの上質和紙でくるみ、金文字で「川端康成全集」と記す。題字も安田のもの。時代を考えると、大変贅沢な装丁であったことが分かる。安田の表紙の原画は、画帖として川端の手許にあったが、一九七六年の東京国立近代美術館の安田靫彦展に出陳され、同年、複製の『川端康成全集装画帖』として中央公論美術出版から刊行される。(7)この全集には、各巻に、川端自身の自作自注ともいうべき、長文のあとがきが付載されているのが貴重である。(8)このあとがきは、のちのDの全集では、集成されて「独影自命―作品自解」の総題の下に第一四巻に収載されている。

B『川端康成選集』全一〇巻。B六変型判。三一八ページ～三五五ページ。一九五六年一月～一一月。

「選集」と銘打っていることもあり、全体の冊数や収録作品も少ないが、本の大きさや厚さも、川端の全集・選集の中では最も小型のもの。他の全集では、必ず抱き合わせになっている『千羽鶴』と『山の音』(Aでは第一五巻、Cでは第八巻、Dでは第八巻、Eでは第一二巻)が、本選集では、第八と第九巻にそれぞれ単独で収載されていることから、一冊の収録規模が推測されよう。一冊の大きさとしてはおおよそ他の全集の半分ぐらいと考えれば良かろう。装丁には女流書家の町春草があたり、各函に代表的な所収作品名を記すのであるが、全巻異なった書体を駆使して、実に洒落た仕上がりになっている。装丁のデザインを各巻異装にしたのは、上の安田の表紙絵の例があるが、今回は文字デザインとも言うべきもので、同じ効果を上げている。川端に題字だけでなく装丁もと言われた町は、全巻完結までの「一年ほどは、心配で夜も眠れないほどだった」(9)と回想している。この成功もあって町は、里見弴、舟橋聖一、三島由紀夫など多くの作家の装丁を手がけるようになり、有吉佐和子などは「名指して、その作品の装幀をほとんど町春草に任せ」たという。(10) 一か月に一冊の割合で定期的に刊行を終える。作品を精選し、小振りで瀟洒な装丁でもあり、最も川端の作品にふさわしいできあがりといえようか。

C　『川端康成全集』全一二巻。A五判。三八八ページ～四四〇ページ。一九五九年一一月～六二年八月。

約一年間で順調に一〇冊を刊行した後、二年がかりで残りの二冊を出して完結する。川端の全集の中では最も判型の大きいものである。全巻同一の装丁で、函の一方には「川端康成全集」「新潮社版」と大型の活字で記し、反対側には全作品名をやや小型の活字で記す。表紙が赤、背文字の部分が白のツートンカラーであるが、特別に洒落たものではない。背表紙の活字も金文字は使っているがデザイン的には平凡であるといえよう。要するに、これまで、装丁にも意を用い、小振りの洒落た全集や選集を出してきた川端のものとしては、大きさといい、意匠といい、全く異質なものであるといえる。過去の全集や選集と比べても、このころ同じ新潮社から刊行された『富士の初雪』や『みづうみ』などと比べても、川端本の装丁としては極めて地味な本作りであると言わざるを得ない。「作品の配列は編年体を原則とし」「決定版全集として企画した」(11) という事情であれば、そのあたりの一種の力みのようなものが、洒落た装丁を忌避させたのかもしれない。

注目されるのは、一九五五年に単行本として刊行された『みづうみ』は収録されているのに、同年刊行の『東京の人』が収載されなかったことである。西日本新聞などに連載当時から好評を博し、単行本でもロングセラーとなり、西河克己監督で日活で映画化されたり、三浦洸一の歌など、社会現象と言ってもよいようなブームを招来した作品である。この原稿が明治古典会に出陳され人気を集めたことも知られている。(12)原稿自体は、現在では聖徳大学の所蔵に帰しているようで、最近、同大学の川並記念図書館の近代文学の作家の原稿展に出品されている。この展示作品はインターネットでも公開されており、美しい画像で生の原稿を居ながらにして見ることができる。(13)図書館主催の展示の一つの理想的なスタイルを示すものである。さて、『東京の人』の新潮社からの単行本も、五五年からの四冊版が金島桂華の装丁、(14)五七年からの縮刷三冊版が橋本明治の装丁と、表紙の絵も含めて忘れられない見事な本作りであった。一九五九年には、競い合うように、新潮文庫と角川文庫に加えられ、特に新潮文庫では六三年、六六年の新潮文庫夏のキャンペーン作品として選んでおり、長期にわたって一種のドル箱であったといえよう。五九年には既に講談社の『現代長編小説全集』に収録されているから、新潮社としても防衛上この作品を全集に収録することが望ましかったはずである。それだけにこの作品を全集に含まなかったのは、川端の意のあるところではなかったろうか。通俗性の強いこの作品は、同じ傾向である『女であること』と共に、生前は決して川端自身の全集に取られることがなかったのである。(15)

D『川端康成全集』全一九巻。A五変型判。三八二ページ～四八〇ページ。一九六九年四月～七四年三月。

川端康成の生前に企画された最後の全集である。最終的には全一九巻の形であるが、当初は一四巻、修正されて一五巻の予定であった。第一四巻刊行後、川端が死去したため、さらに四冊を追加して一九巻となった。そのため、一四巻までは六九、七〇年の刊行だが、その後三年の空白を挟んで、七三、七四年に、一五～一九巻が刊行される。一見、五年間という長期の刊行のように思えるのはそのためである。本の大きさは、天地のみが通常のA五判よりやや小さいため、幅広の印象を与える。Cの全集と横幅は同じだが、天地のみが約一・五センチ小さい本である。装丁は赤い布表紙にクリーム色の函で、AやBのような洒落た装丁ではないが、函全体に更に紙のカバーが掛けられ、これに書家の松井如流が流麗な筆致でそれぞれの巻の代表的な作品名を揮毫しており、Cの全集のような地味な印象はない。一一巻あたりまでの構成は、大体Cの全集と同じで、これにその後の一〇年間の作品などが多少加わる。『東京の人』や『女であること』が収録されないのも、Cの全集と同じである。没後に追加が決定された四冊は「文学時評」である。

Cの全集との類似性について見ておこう。比較しやすい、収録作品の少ない、第七～第九巻の例で述べる。第九巻は、Dの全集では『舞姫』が七ページから二三三ページまで、『たまゆら』が二三三ページから二四九ページまで、『冬の半日』が二五一ページから二六二ページまで、『少年』が二六三ページから三七〇ページまで、『岩に菊』が三七一ページから三八二ページまで、そして白紙二ページ分を挟んで奥付となる。この作品配列、ページの割付、一ページの行数、一行の文字数、すべてCの全集と完全に一致する。これは、『再会』『反橋』『夢』『しぐれ』『雨の日』『住吉』『地獄』『北の海から』『虹いくたび』『再婚者』の一〇作品である第九巻でも全く同じである。これに対して、第八巻はCの全集は四二七ページ、Dの全集では五〇九ページと分量も随分違い、一見無関係のようである。しかし、Dの全集では、『千羽鶴』が七ページから一四三ページまで、『波千鳥』が一四五ページから二二六ページまで、『山の音』が二二七ページから五〇九ページまでとなっており、これに対して、Cの全集では『千羽鶴』が七ページから一四三ページまで、『山の音』が一四五ページから四二七ページまでで、要するに『千羽鶴』の未刊の続編である『波千鳥』の分をそっくり抜くと、ここでもページの割付まで完全に一致するのである。このようにCとDの全集には相関関係が大きいことを押さえておきたい。

E『川端康成全集』全三五巻、補巻二。四六判。四七七〜八二一ページ。一九八〇年二月〜八四年五月。

山本健吉、井上靖、中村光夫の三氏の編纂になるもので、「ノーベル賞作家の業績を完全なかたちで遺すべく(16)」、決定版全集として企画されたもの。当初の三年間で第三四巻までをほぼ毎月刊行の形で進め、第三五巻と別巻の二冊のみが、八三、八四年の刊行である。全作品をジャンルや分量や発表の有無等で細かく部類分けし、その中ではほぼ発表年代順に並べる。未刊行作品や書簡類が初めて取られたのは当然だが、従来の全集には含まれることのなかった、長編『東京の人』『女であること』なども今回初めて収載された。少年少女小説や『雪国』『名人』が初出の形態でも取られているのが注目される。

この全集は、一九九九年に川端康成の生誕一〇〇年を記念して、特別復刊された。

三

さて、前節で見た、川端康成の全集をＷＥＢＣＡＴで検索すると、どのような情報が得られるであろうか。

ＮＡＣＳＩＳ　ＷＥＢＣＡＴの総合目録データベースＷＷＷ検索サービスのページで「タイトル・ワード」の項目に、「川端康成全集」と条件を入れると、「簡略表示」として、次の六件が表示される。

一、川端康成全集／川端康成著、川端康成記念会編、第一巻―第三〇巻、新潮社、一九八〇

二、川端康成全集／川端康成著、新潮社、一九六九

三、川端康成全集／川端康成著、第一巻―第一四巻、新潮社、一九五九

四、川端康成全集／川端康成著、川端康成記念会編、第三一巻―補巻二、新潮社、一九八〇

五、川端康成全集／川端康成著、第一巻―第一六巻、新潮社、一九四八

六、川端康成全集／川端康成著、ｓｅｔ―補巻二、復刊、新潮社、一九九九

一と四はひとまとまりのデータが二つに分かれただけで、六はその復刊である。これは前節のＥの全集に該当する。五は冊数と刊年からＡの全集であることが分かる。二は冊数が示されていないが、刊年から推測して、Ｄの全集であると思われる。実際、二を「詳細表示」してみると、「一九六九～一九七四」「一九冊、二〇㎝」というデータが出てきてこの推測が正しいことが裏付けられる。問題は三であって、刊年から言えばＣの全集かと思われるのだが、あれは一二冊の全集であったから、

冊数が相違する。また一四冊の全集というのも、従来知られていないものである。五九年から刊行された『川端康成全集』は従来の一二冊のもの以外に、一四冊のものがあったのであろうか。またこのデータでは、Cの一二冊の全集が出てこないのはどういうわけであろうか。そこで、三のデータを詳細表示させてみると、今回は次のような情報が得られる。

「新潮社、一九五九〜一九七〇」「二二㎝、第一巻—第一四巻」

すなわち、一九五九年から足かけ一二年間を費やした全集で、全一四巻であるというのである。刊行開始年次や、本の大きさはCの全集と一致するのであるが、刊行終了年次は全く異なり、更に最大の相違として、全巻の冊数の違いがある。

そこで詳細表示のデータを丹念に見ていくと、面白い傾向に気が付く。詳細表示画面では、その書籍を所蔵している機関の数とその名前、そして多くの場合は、その機関における函架番号などのデータが得られる。この一四冊版の『川端康成全集』についても、フェリス女学院大学、岩手大学以下四〇の機関に所蔵されていることが分かる。そしてそのうち三七の大学には第一二巻までしか所蔵されておらず、一三巻以降を持っているのは僅かに三大学に過ぎないのである。もちろん三七の大学全部に一二冊がそろっているのではなく、一冊もしくは数冊の欠本がある大学や、逆に数冊のみしか所蔵していない大学もある。その一方で、北は藤女子大学、岩手大学、東北大学から、東京大学総合図書館、鶴見大学、実践女子大学、立教大学、山梨県立女子短期大学、神戸大学人間科学部、九州大学六本松分館等々、一八の機関では第一巻から第一二巻までがずらりとそろっているのである。これに欠本のある大学一九を含めて、総計三七の機関は一二巻までしか所蔵していないのである。やはり一二冊というのが本来の冊数なのではないだろうか。

では、一三冊目以降を所蔵している大学はどのようなデータなのであろうか。それは、九州芸術工科大学、北海道教育大学附属図書館函館分館、梅花女子大学の三機関であって、このうち、九芸工大は第一三巻のみの端本を所蔵しており、北海道教育大と梅花女子大は一巻から一四巻まで所蔵というデータが得られる。これら三つの大学について、直接オンライン検索などで確認してみよう。

NACSIS WEBCATでは、九州芸術工科大学には、一四冊版の全集のうち第一三巻のみが所蔵されているというデータがあった。「第一三巻‥九一八、六八／Ka九一／一三‥‥一一七〇〇〇二〇六〇」というのがそれである。そこで、OPACで九州芸術工科大学の図書館の蔵書を直接検索すると、簡易検索で一四件ヒットしたが、第一件は一九六九年版の全集で、二件目から一四件目まではこの六九年から刊行の全集のうち、なぜか第一三巻のみをのぞく、第一巻から第一四巻までの各冊の個別のデータである。六九年版の全集の方は、NACSIS WEBCATのデータ二の中にも所蔵機関として、芸工大の名前が出てくるから、情報としては矛盾がない。しかし、五九年版の全集や、第一三巻というデータは出てこない。

次に、第一件目を詳細表示させると、今度は第一三巻を含む一四冊の個別の書誌情報が得られる。しかしそれも、一九五九年からの全集ではなく、六九年からの全一九巻の全集のうちの第一巻から第一四巻までのものなのである。すなわち、九州芸術工科大学には、五九年から刊行の全集は一冊も所蔵されていないのである。念のため、WEBCATの情報と巻数が一致する第一三巻目について、九芸工大側の、書誌情報を見てみると、所収されている作品名は『豆温泉記』『末期の眼』などであり、そのほかの情報も、「出版事項・・東京・・新潮社、一九七〇、三二」「形態・・四一五P、図版、二〇㎝」「シリーズ名・・川端康成全集／川端康成、第一三巻」などと出てきて、紛れもなく一九冊版の全集のうち第一三巻である。ここで注目すべきは、芸工大の所蔵情報である。「図書ID・・一一七〇〇〇二〇六〇〇」「請求記号・・九一八、六八／Ka九一／一三」とあるが、これは実はNACSIS WEBCATの、五九年版第一三巻とされているものの番号と両方とも完全に一致する。すなわち、両資料は同一のもので、芸工大側のデータでは正しく六九年版の全集の第一三巻と記されているが、これがWEBCATの情報となるときに誤って五九年版の全集のデータに吸収されてしまったのである。九州芸術工科大学には、五九年版の一三巻の全集は存在しないという結論になる。

次に、北海道教育大学附属図書館函館分館の例を見てみよう。

ここも直接OPACで、函館分館のデータを検索すると、今回は間違いなく「出版　東京・・新潮社、一九五九～一九七〇」「形態　冊、二二㎝」などという形で、一巻から一四巻までの全集が出てくる。ところが、同じ書誌情報では「刊年　一九五九～一九六二」とも出てくるのである。出版と刊年が違うのをどう考えたらよいか。再版以降のものが混じっているのであろうか。たしかに資料IDを見ると第一巻が「二一一〇四〇三三七」で、第一二巻が「二一一〇四六四三五」で、番号の相違は「〇三三七」～「六四三五」と下四桁の範囲であるが、これが第一三巻になると「二一一一〇一一三四」、一四巻が「二一一一〇一一三五」で、一二巻以前との相違は下六桁の「〇四六四三五」～「一〇一一三四」と、一挙に大きくなる。[17]刊行された時期または購入された時期、少なくとも函館分館で登録された時期が、一二巻以前と一三、一四巻との間には、かなり開きがある可能性がある。大いに疑問が残るが、所収作品名がオンライン検索では確認できないので、結論は留保し、残る一校を見てみよう。

次に梅花女子大学の蔵書情報について検討する。

ここも直接OPACで、梅花女子大学・短期大学の図書館のデータを検索すると、一九八〇年版の川端康成全集が二件、一九五九年版の全集が一件出てくる。ただし、最初の二件は同じものが二セット入っているのではなく、三〇巻までと、三一巻以降とが、別書誌として分けられたものである。これは、上述のNACSIS　WEBCATの簡易表示でもやはり分割されていた。梅花女子大学の検索結果では、同一セットの別書誌であることが明示されており、親切である。

さて、五九年版の全集の図書目録情報を開いてみると、書誌情報として次のようなものが示される。

「書名　川端康成全集」「出版　東京：新潮社、一九五九～一九七〇」「刊年　一九五九～一九六二」「形態　冊、二二cm」と、ここでも、北海道教育大学の例と同じように、出版と刊年のずれがあることが注意される。梅花女子大学の所蔵情報は、巻号、所在、請求記号、資料ID、状況（返却予定日）

など多岐にわたる。特に、所在では、「四階（北）」などと書架の位置が示され、貸し出し中のものは返却予定日と更に次の予約が入っているかまでが一度に出てくる、極めて行き届いたシステムである。この所蔵情報によれば、梅花女子大学には『全集』の第一巻から第一二巻までは二冊ずつ、更に第一三巻と第一四巻が一冊ずつ所蔵されていることが分かる。注目すべきは資料ＩＤである。重複している一二巻までのうちの一セットは「六四〇七五二九」から「六四〇七五四〇」までの連番となっている。おそらくこれは一括購入という事情によるものであろう。番号の上二桁が西暦を示すとすれば一九六四年のこととなり、五九年版の全集は六二年に完結するから、それをまとめて購入したのが六四年ということになろうか。こうして五九年版の全一二巻の全集の所蔵が確認できる。

次に、一二巻までのもう一セットと一三巻、一四巻の検討に入ろう。資料ＩＤを目安にすると、この一四冊は概ね近い数字であり、これも一連の購入と分かる。ただし先程のセットのように完全な連番ではなく、第一巻の「六九一三〇四九」から第一四巻「七〇一三六九九」までで、西暦年数を表すと思われる上二桁を除き、下五桁で見ると「一三〇四九」から「一三六九九」までの、前後約六五〇の番号の中に入る。恐らく、六九年から七〇年にかけて出版された順に順次購入登録されたものであろう。この一四冊が六九年から七〇年にかけて出版されたとしたら、それは六九年版の一九冊の全集の第一巻から第一四巻までの刊行時期とほぼ重なる。すなわちこちらのセットは、五九年版のものではなく、六九年版のものと思われる。これがデータ処理上のある段階で（恐らくそれは大学自身が書誌を作成する段階ではなく、ＮＡＣＳＩＳからのデータによるものであろうが）、誤って共に五九年版と認識されてしまったのではないだろうか。大学図書館などでは予算に余裕があっても、同じ版の個人全集を二セット入れることは考えにくい。寄贈の可能性はゼロではなかろうが[18]、資料IDの番号が大きい、すなわち後から登録された一四冊の方は、一括ではなく、一定の間隔で登録されているから、これは寄贈図書ではない。とすると、五九年版の全集のあるところに、新たに六九年版の全集を購入したと考える他はない。すなわち梅花女子大学には、一九五九～一九六二年出版の全一二冊の全集と、一九六九～一九七〇年出版の一四冊（全一九巻の中の一四巻まで）の全集とが存在し、前者が「刊年　一九五九～一九六二」というデータとなり、二セットを合わせた実際の出版年が「出版　東京：新潮社、一九五九～一九七〇」というデータとなったのである。

では、六九年版の全集は全巻で一九冊なのに、どうして第一四巻で購入が止まっているのであろうか。北海道教育大学も一四冊目までであった。この奇妙な符合はなぜであろうか。

それは、Dの全集の刊行年月と深い関わりがあると思われる。前節で見た如く、Dの全集は第一四巻を刊行した後、川端自身の死という、思いがけない事態のために、そこで刊行が頓挫してしまった。更に、編集方針を変更し、文学時評を収載する四冊を追加するということもあったために、第一四巻の刊行後、第一五巻の出版までに、約三年間の空白期間が生じてしまったのである。そのために図書館によっては、購入の継続が途切れてしまったところも出たのではないだろうか。予約出版などでない限りは、納入していた書店の台帳記載や情報管理が徹底していない限りは、決してないとはいえない出来事である。現実に、古書店の目録などでDの全集が掲載されているとき、時折一四冊単位で売られているのに遭遇する。筆者の乏しい経験では、一五冊単位というのはないが、一四冊というのは数回見かけたことがある。[19] 個人でも、図書館などでも、Dの全集の一四冊のコレクションというのが、ある程度存在するのではないだろうか。このことが、今回の誤解に拍車を掛けたと思われる。一九冊ひと揃いのものであれば、Dの六九年版の全集と認識されたであろうが、一四冊という全集はもともと存在しないから、Cの五九年版の一二冊の全集に追加されてしまったのであろう。

しかし、たとえ刊行年月の間隔が誤解を生じやすかったとしても、五九年版の全集と六九年版の全集を混同するようなことがあるのであろうか。そこにはもう一つ別の要素が存するのである。それは、この二種類の全集の形態的な類似性である。

川端の全集の中では、CとDの全集だけがA五判という大きな判型であり、縦の寸法こそ約一・五センチの相違があるが、横幅は全く同じであった。さらに、前節で見た如く、各巻の内容はほぼ完全に重なるのである。前節では、第七巻から第九巻までを見たが、あれは完全に重なるものと、部分的に重なるものを分かりやすい形で示したのであって、実は完全に重なる巻の方が圧倒的に多いのである。『伊豆の踊子』を含む第一巻から、『雪国』を含む第五巻、『名人』を収載する第一〇巻等々、ページの割付まで一冊丸ごと重なってしまうのである。[20] このように、Dの全集は、いわばCの全集を母胎として作られたものともいえるから、一つのものと同一視される、混同される可能性は元々大きかったのである。

ここで先程留保した北海道教育大学の例に戻れば、資料IDの一二冊目までと一三冊目以降との番号の開きが改めて注目される。これは五九年版の全一二冊の全集が揃っているところに、六九年版の全集の一三、一四巻のみが加わったという事情なのではないだろうか。あるいは、一二巻までの内容はほぼ同じであるから、新しい全集の一三、一四巻のみを追加したという事情でもあるのかもしれない。

かくして、一九五九年から刊行された全一四巻の『川端康成全集』というものが、書籍情報、蔵書情報というデータの上で誕生したのである。同時にもう一つ見逃してはならないのが、この一四巻の全集という、いわば誤情報が誕生すると、本来的な正しい情報である、五九年から刊行された全一二巻の全集のデータが、全一四巻の全集の一部という形に吸収されてしまい、消え失せてしまったことである。冊数の情報として、大が小を呑み込むような形で、正しい情報は雲散霧消してしまったのである。従って、NACSIS WEBCAT上では、五九年版の一二冊の全集は見かけ上存在しない形になっているのである。

四

NACSIS WEBCATに見られた、一九五九年から七〇年に掛けて刊行された、全一四冊の『川端康成全集』とは、現実には存在するものではなく、五九年からの全一二冊の全集とそれから約一〇年後に計画された一九冊版の全集の中、七〇年までに刊行された一四冊までのデータが合成されて作られた、いわば架空の全集であった。その背景には、一二冊版の全集と、一九冊版の全集の骨格部分の類似性や、一九冊版の全集が一四冊目で一時刊行がストップするといった特殊な事情が重なったことがある。

しかし、個別に作成されたデータを集積して、総合的なデータに切り替えるときには、このような誤謬が発生することは皆無ではない。ただし、そのような誤謬の可能性があるにせよ、データを集積して、横断検索が出来るようにすることの方が、遥かに大きな意味がある。また第二節の聖徳大学川並記念図書館の例で見た如く、WEB上の情報は、空間の距離をいとも簡単に超えて、すぐれた情報を共有させてくれるのである。

従って、データ集積の際の誤謬をいかに少なくするかという研究が今後必要になろう。そのためには、個別の図書館が提供する情報を、より詳細にする必要があろう。図書館の目録作業の重複を回避できる共同分担方式なればこそ、個別の情報の精度が一層求められる。一旦誤った情報が入ると、全国的な規模で増殖してしまうのである。そのようなことを防ぎ、一層充実した総合目録、総合書誌を全国規模で構築するためには、隣接諸分野の学問のノウハウを援用することも必要であろう。日本の古典文学や、西洋の書誌学の方法などで応用できるものもあるかもしれない。本の大きさも、縦のみならず、横のデータも必要かもしれない。本の厚さという情報は、今後の収蔵スペースを考える上で有益であろう。(21) また、図書館では、函や表紙のカバーは取り去られることが普通であるから、むしろ逆に、これらの情報こそ、NDCに遺しておくべきだという立場もあろう。書籍情報の今後には、様々な工夫の余地があると思われる。本章はそのようなことを考える契機になればという思いで書かれたものである。

注

（1）農林水産研究情報センター研究情報課作成。伊井春樹編『日本文学どっとコム』（二〇〇二年五月、おうふう）七〇ページでも、このサイトが取り上げられている。

（2）「角川版」という名称には若干問題があるが（別稿「角川書店の『昭和文学全集』の変化」『文芸と思想』六九号、二〇〇五年二月、参照）、ここではWEBCATに従って、仮にこの名称を使用した。

（3）フェリス女学院大学、跡見学園女子大学短期大学部、藤女子大学の三機関である。OPACでこれらの大学の書誌を直接調べても、当然「四五一ページ」という情報が出てくる。

（4）一冊本の作品集や、未完結のものは本稿の考察の対象ではない。従って、芹澤銈介の装丁と菅虎雄の題簽も見事な一九三四年の改造社版の『川端康成集』は第一集のみで中断したため取り上げていない。一冊本の作品集は多いが、編集と造本にすぐれているのは、講談社の『川端康成短編全集』（一九六三年）と、集英社の自選集のシリーズの中の『川端康成自選集』（一九六六年）であろうか。前者は、最近、室生朝子や福永武彦への献呈本が古書目録を飾った（『浪速書林古書目録』三三号、二〇〇二年六月）。後者は同シリーズの中でも、三島や志賀と並んで、現在でも人気を博していて発売時定価の一〇倍以上の古書価格が付いているようだ。なお、集英社のこの自選集は各千部限定であるが、志賀直哉のものだけ発行部数が少ないため稀覯性が強いかもしれない。実際には、川端・三島がこのシリーズの人気の双璧といえようか。

（5）最近のものとして『文学堂書店古書目録』の例を挙げれば、芹澤銈介装丁版三五万円（一六号、一九九五年）、林芙美子装丁版一〇万円（二〇号、一九九八年）、共に美本、というのがある。

（6）『新潮社一〇〇年図書総目録』（一九九六年一〇月）
（7）七六年一〇月刊行、限定三〇〇部、定価六〇〇〇〇円。
（8）この原稿は「祝明治百年古書公開展観大入札会」に出陳されて、評判を集めた。目録四七ページに記事が、五二ページに写真が載っている。底価二七万円、落札価四〇万円強。
（9）町春草『書芸の瞬間』「装幀開眼」（学芸書林、一九七三年）
（10）町春草『墨の舞』「有吉佐和子」（日本放送出版協会、一九九五年）
（11）注（6）書。
（12）『東京の人』のほぼ揃いの原稿（全五〇五回中、二九回分欠）は、明治古典会の「文献百年古書展観大入札会」（一九六七年一二月）に登場して、耳目を集めたが、『入札目録』三五ページに記事が、七三ページに写真が掲載されている。
この時の大市会のことは、青木正美『自筆本蒐集狂の回想』（青木文庫、一九九三年）にも記述され「いわゆる名作原稿の三、四をその落札価と共に記す」として、『東京の人』のデータも掲出されている。

さて「文献百年」の大入札会は、明治百年という事もあって空前の規模となった。目録も写真版一四四ページ、記事一〇六ページ、全二五〇ページの、前例のない大部のものであったが、この目録で巻頭写真（表紙の見返し）に使用されたのが『東京の人』第一回目の原稿である。本文中でも全出品中三点のみがカラー写真で紹介されているが、漱石の描いた「盆栽と瓶」の絵画などと共に『東京の人』の原稿が取られている。他の二点は絵画資料であるだけに、この原稿の扱いの重々しさが分かろう。今回は約二〇〇〇枚の原稿は、三六冊の美しい和装本に装丁され、美麗な緞子の帙入りに改装されていたこともあって、当時としては他に例のないような三〇〇万円という高額の底価が付けられていた。勿論この年の出品の中での最高価である（二〇〇点前後一括入札の特別出品二件は除く）。結局、三五〇万円強という、当時としては破格の値段で落札されたが、同時に出品された、川端本の優品の代表格、江川書房版の『伊豆の踊子』が六万円、一一万円（後者は署名入）で落札されたことを考え合わせると、川端関係の資料の中でも、際だった高値の程が推測されよう。

大揃いのものから分離した原稿も、連載一回分（四枚）単位で、しばしば明治古典会の市場に登場している。手許の乏しい資料による限りでも、一九六六年の大入札会（於主婦の友社新館三階）の際、二万円強で落札されたのをはじめとして、ほぼ毎年のように例会や大入札会を賑わし、七〇年一二月の大入札会では、第四六六回の分が単独で、六五〇〇〇円強で落札されるに至っている。

なお、本章の出品の記録や落札価格は、明治古典会の『落札価格年報』による。

（13）http://www.seitoku.ac.jp/lib/genkoten/kawabata.html

なお、注（12）で述べた明治百年記念の大入札会で、『東京の人』と並んで注目を集めた尾崎紅葉の『浮木丸』の完全原稿二巻、底価一〇〇万円も、現在では聖徳大学の所蔵のようで、この原稿展に同じく出品されているのも、奇しき因縁といえよう。

（14）この縁で川端は、『金島桂華画集』（便利堂、一九七一年）の冒頭に「金島桂華氏の芸術」という一文を寄せている。

（15）別稿「講談社の『日本現代文学全集』とその前後」『香椎潟』五〇号、二〇〇四年一二月、参照。

川端自身は、注（14）書で、次のように述べている。

金島桂華氏に私の小説「東京の人」の装幀画を描いていただいたのは、昭和三十年のことであつた。長たらしい作品で四巻となつたが、各巻についてそれぞれ別の挿画を見た時、私は桂華氏にありがたさと恥づかしさを感じたのを忘れない。椿、あやめ、柿、菊、その四つの挿画は四季を現はし、桂華氏をほぼ一年煩はせたのであつた。「東京の人」は新聞に連載の通俗小説で、桂華氏の清雅な絵には値ひしさうにもなかつた。

(16) 注(6)書。
(17) このIDはNACSIS　WEBCATでも確認できる。
(18) たとえば、福岡女子大学附属図書館には、筑摩書房『現代日本文学全集』の元版と、定本限定版とが所蔵されているが、もともと定本版しかなかったところに、元版が寄贈されたものである。講談社の『日本現代文学全集』も、元版と豪華版があるが、豪華版の方は最近の寄贈によるものである。
(19) 最近の例では、『日本古書通信』(六七巻一〇号、二〇〇二年一〇月)のARS書店(札幌市東区)の目録に「三〇、川端康成全集　全一四　新潮社　六九年　一四冊　一〇〇〇〇円」というのがあった。
(20) 共通する作品は、活字のポイントも、字高も同じであるから、Dの全集はCの判面をそのまま利用したところもあったかもしれない。
(21) 吉田昭「本の厚さ」(『図書館雑誌』九六―六、二〇〇二年六月)

(後記)『文芸と思想』六七号、二〇〇三年二月に発表。二〇〇二年九月一三日の福岡県・佐賀県大学図書館協議会の研究発表(於福岡女子大学)を基に大幅に加筆したものである。席上有益なご意見を賜った関係各位に御礼申し上げる。

なお、NACSIS　WEBCATや、他のWEB上のデータは、二〇〇二年九月二〇日現在のものである。

脱稿後、京都会場にて『川端康成　文豪が愛した美の世界』展を見ることを得た(二〇〇二年一二月〜、京都文化博物館)。没後三〇年の企画にふさわしく、川端の世界と美との関わりを多方面から窺うことの出来た内容の濃い展示であった。本章との関連でいえば、安田靫彦の「『川端康成全集』表紙画画帖」がやはり眼を引いた。一六冊版の全集そのものも横に並べられ、安田の表紙絵を見ることができたが、安田の題字が金文字で刻された濃紺の揉み紙カバーも展示してほしかった。

第四章　NACSIS WEBCATとWEBCAT PLUS

一

筆者は、本書第三章[1]で、国立情報学研究所（NII）の総合目録データベースWWW検索サービスである、NACSIS　WEBCATを使用することによって、全国の大学や研究機関の図書館の蔵書の、かなりの部分の横断検索が可能になったことについてふれ、その利便性の大きさと、派生する多少の問題点について、川端康成の個人全集を材料に用いながら論述した。旧稿におけるNACSIS　WEBCATのデータは、礎稿完成時点の、二〇〇二年九月現在のものを使用したが、その翌月、二〇〇二年一〇月八日から、情報学研究所は、WEBCAT　PLUSという新しいシステムによるサービスを並行して提供するようになった。

新システムと旧システムの相違は何か、改善された点は何か、逆に不便になった点はないか、サービスが提供され始めたばかりの日の浅いシステムだけに、検討してみる意味は大きいだろう。

なお、今回のWEBCATおよびWEBCAT　PLUSのデータは、二〇〇三年九月三日現在のものである。

二

WEBCAT　PLUSとは、どのようなシステムであるのか。従来の、WEBCATとはどう違うのか、情報学研究所のサイトの当該ページ[2]から見てみよう。

同ページの、「概要」の部分には、次のように記されている。

> WEBCAT　PLUSは、国立情報学研究所（NII）が構築を進めているNII学術コンテンツ・ポータル*「GeNii（ジーニイ）」を構成するコンテンツのひとつです。大量の情報の中から、人間の思考方法に近い検索技術「連想検索機能」を使って、必要な図書を効率的に探すことができるシステムが、このWEBCAT　PLUSです。

現在、WEBCAT　PLUSのトップページでは、特に変更をしないかぎりは、最初に連想検索のキーワードを入力する形になっている。単純な一致検索を行おうとすると、「一致検索」の部分をクリックして、次の画面に進まねばならない。このことからも、上の「概要」の記述からも分かるように、WEBCAT　PLUSの現時点での最大の利点は、連想検索という新しい検索方法にある。キーワードを上手に設定すれば、かなり有効な検索手段となりうるであろう。ただ、キーワードの設定によっては、膨大な数になってしまう。たとえば、連想検索に「小津安二郎」と入力すると一四三八五件もの書籍や映像資料がヒットしてしまい、この中には、小津文献のみならず、小津次郎から大田晶二郎、青山二郎などさまざまなものが含まれている。これらの中から探し出すよりは、自分でいくつかのキーワードを設定し、部分一致検索などで探した方が早いかもしれない。後述する目次情報を、もし網羅できたとすれば、目次の文字列を総合的に検索するキーワード検索のようなものを、連想検索と、フリーワード検索（これはＷＥＢＣＡＴの機能）の中間的なものとして設定でき、そうすれば、利用者が自分の手許の情報に応じて使い分けができるのではないか。

その意味で、ＷＥＢＣＡＴ　ＰＬＵＳの機能の中で、筆者が個人的に注目しているのは、トーハン、日販、日外アソシエーツ、紀伊国屋書店の四社が構築したデータベースである「「ＢＯＯＫ」データベース」の情報を取り込むことにより、一九八六年以降に刊行された書籍については、目次・帯・カバーの内容情報を見ることができる点である。(3) 目次情報が一部であること、装丁・造本の記述がほしいことなど、さらに改善を望みたい部分はあるが、現時点では、オンライン上で書籍の概略を知ろうとすれば、貴重な情報源である。(4)

それ以外の点では、日本語の図書に限定されている点が、ＷＥＢＣＡＴとの相違点である。これは、ＷＥＢＣＡＴの機能に比べればやや後退している部分であり、あるいは、この点が改善されれば、ＷＥＢＣＡＴ　ＰＬＵＳに統一する予定であるのかもしれない。「ＷＥＢＣＡＴ　ＰＬＵＳサービスの位置づけ」の部分では、次のように記されている。

国立情報学研究所では、目録所在情報データベースを基にして、図書・雑誌の書誌・所在図書館情報を検索できるＷＥＢＣＡＴサービスを一九九八年から行っており、国内外から非常に多くの方々にご利用いただいています。

WEBCAT PLUSは、検索機能・性能を大幅に強化し、使い勝手を向上させており、「次世代WEBCAT」となることを目指して開発しました。
WEBCATが日本語以外の図書や雑誌の情報をも収録しているのに対し、WEBCAT PLUSが今のところ日本語の図書のみであることから、当面は両者を並行してサービスします。
WEBCAT PLUSの内容や機能が充実した時点で、サービスを一本化することを検討しています。

ただ、連想検索や「「BOOK」データベース」の情報を除いた、単純な一致検索でも、WEBCAT PLUSはWEBCATに比べて、機能が後退している部分もあるのではないかと思われる。今後改善される可能性はあるだろうが、取りあえずはそのような部分について考えてみる必要があるだろう。

三

第三章で問題にした、角川版『昭和文学全集』で、ページ数の誤認から、WEBCATでは第一八巻「宮沢賢治集」のデータが二重になっている問題はどうなったであろうか。
WEBCAT PLUSの一致検索で「角川版昭和文学全集」(5)の名前で入力すると、「タイトル 角川版昭和文学全集」「出版事項 東京・角川書店」「形態事項 冊、二〇cm」と出てくるだけで、これ以上の詳細情報のページには入れない。従って、「宮沢賢治集」のデータの検証はできないのである。

WEBCATの時は、簡略表示で「角川版昭和文学全集」と叢書名が出て、そこをクリックすると詳細情報のページに移動し、第七巻「芥川龍之介集」から第四巻「吉川英治集」まで、所収作家の五十音順に叢書の細目が一覧表示される。さらにその細目の一つ、たとえば「芥川龍之介集」をクリックすると、角川版『昭和文学全集』の「芥川龍之介集」の詳細な書誌情報が得られ、かつこの本を所蔵している図書館名などが、慶応義塾大学日吉メディア・センターを筆頭に全一六か所が表示されるのである。

全集や叢書の場合、各巻の内容や細目が一覧できないと、情報としてはほとんど役に立たない。この部分は、書誌情報の最も基礎的な部分といって良いのではないか。単行本の帯や目次と同様に、全集の各巻の内容も表示できることが肝要である。また全集・叢書の場合、購入時に、あるいは所蔵している間に、どうしても欠巻がでる可能性があるが、個別の巻冊の所蔵データであれば、蔵書の実体とデータの一致率は極めて高い。

WEBCATでは、ある全集・叢書のデータは、巻別の所蔵データが中心であったり、別の全集・叢書では総体の所蔵データが中心であったりと、やや統一性に欠ける恨みはあるが、これは使用する側が飲み込んでおけば解決できる問題である。少々データ上の誤記があっても、利用者が詳細なデータを入手できることが、何よりも重要である。むしろやや不統一であっても、出来るだけ生のデータの形に近いものを、多くの利用者の目に触れさせることによって、可能な範囲での統一性を希求し、また登録上・入力上の誤謬も訂正し、最終的に完璧な書誌情報を作り上げることにつながるのではないかと思われる。WEBCATの形であれば、「宮沢賢治集」のページ数の誤謬も、データが二重になっている問題も、いずれ利用者の目に触れ、修正されることになろう。

角川版『昭和文学全集』に限らず、WEBCAT　PLUSでは、全集・叢書の詳細情報は入手できない。新潮社の『日本文学全集』は、同じ名前の全集でも、全七二冊、全五〇冊、全四〇冊、全四五冊と構成がまったく違うものが四種類もあるから(6)、詳細情報にすぐに飛べる形にしておかないと、書誌情報としてはほとんど役に立たないのである。

「次世代WEBCAT　PLUS」として「サービスを一本化」する予定であれば、全集・叢書の詳細な内容が一覧できる機能の付加、もしくは復活が早急に望まれる。

四

前節で述べたような大まかな問題点はあるが、具体的に川端康成全集の例で更に詳しく検討してみよう。

まず、WEBCAT　PLUSの一致検索で、「川端康成全集」と入力すると、次のように七件が出てくる。部分一致で検索すると『川端康成全集装画帖』も含まれて出てくるが、これを除くと、WEBCATの時と件数は変わらない。川端没後に刊行された最大規模の全三七冊の全集が、第三〇巻までと、第三一巻以降と、一九九九年に復刊されたものと、三件（一～三）に分かれて出てくるのも同じである。一九六九年の全集は、WEBCATでは冊数が表示されていなかったが、WEBCAT PLUSでは一九冊と明示されるようになっている。最も際だった変化は、これらの全集を所蔵している図書館の数がこの段階で表示されていることである。丸括弧の中の数字がそれである。たとえば、七の一九四八年版の全一六冊の全集は、三五の機関が所蔵しているということが一見して分かるようになっている。WEBCATは、簡略表示から詳細表示に進んだ段階で所蔵機関数が出てきたから、多少便利になったといえよう。前節で述べた、角川版『昭和文学全集』や、新潮社の各種の『日本文学全集』では、所蔵機関が示されていなかったが、一種の工事中と認識して良いのかもしれない。

一、川端康成全集　(三〇)　川端康成著、ｓｅｔ—補巻二、復刊、新潮社、一九九九、三七冊
二、川端康成全集　(一四七)　川端康成著、川端康成記念会編、第三一巻—補巻二、新潮社、一九八〇、三七冊
三、川端康成全集　(一四五)　川端康成著、川端康成記念会編、第一巻—第三〇巻、新潮社、一九八〇、三七冊
四、川端康成全集装画帖　(一)　安田靫彦著、中央公論美術出版、一九七六、一冊
五、川端康成全集　(七)　川端康成著、新潮社、一九六九、一九冊
六、川端康成全集　(四〇)　川端康成著、第一巻—第一四巻、新潮社、一九五九、　冊
七、川端康成全集　(三五)　川端康成著、第一巻—第一六巻、新潮社、一九四八、　冊

そのように考えると、このまま改良が進めば、WEBCAT　PLUSに一本化されても良いよう

であるが、実は現段階で大きな問題が生じているのである。

たとえば、五の一九六九年から刊行された全一九冊の『川端康成全集』の所蔵機関が七館と表示されているのは、いくら何でも少なすぎるのではないか。川端個人の人気から考えてもあり得ない数字である。更に、川端は、一九六八年にノーベル文学賞を受賞しており、その熱気さめやらぬ翌年から刊行が始まった全集でもある。(7) この数字は誤謬の可能性が極めて強い。具体的に検討してみる必要がある。

WEBCAT PLUSで、六九年版の全集を所蔵している機関を掲出すると、茨城大学、金沢大学、熊本大学、東京大学、福岡女子大学、法政大学、龍谷大学の七校である。しかも、東京大学駒場図書館のデータは「[月報] 九一八、六八/Ka九一/g [WS]」のみである。月報のみ所蔵ということはあまりあり得ないから、これは何らかの形でデータが分離したと考えるべきであろう。

そこで、WEBCATの方で、同じく六九年版の全集を検索してみると、全集共通の書誌情報として「川端康成全集/川端康成著〈カワバタ ヤスナリ ゼンシュウ〉、(BN〇一六〇五八四〇) 東京、新潮社、一九六九～一九七四、一九冊、二〇cm」などが記された後、「浅草紅団/川端康成著、新潮社、一九七〇、(川端康成全集/川端康成著、第二巻)」、「伊豆の踊子/川端康成著、新潮社、一九六九、(川端康成全集/川端康成著、第一巻)」、「禽獣/川端康成著、新潮社、一九六九、(川端康成全集/川端康成著、第三巻)」、「古都、片腕、落花流水/川端康成著、新潮社、一九七〇、(川端康成全集/川端康成著、第一二巻)」、などと各巻別のデータが列挙される。それぞれの巻をクリックすると、巻別に所蔵機関が表示されるのは、前節で述べたとおりである。

たとえば、第二巻「浅草紅団」を所蔵している機関として、ＩＣＵ、ＯＸＦＯＲＤを先頭に一一八の大学・短大の名前が列挙される。東京大学でも、総合図書館と駒場図書館の二か所で所蔵されている。以下、第一巻が一二一、第三巻一二三、第一二巻一二二と、多少数字にばらつきはあるが、概ね一二〇前後の機関でこの全集を所蔵していることが分かる。

重要なのは、ＷＥＢＣＡＴでは、このような各巻別のデータの末尾に、所蔵図書館として茨城大学以下の七つの機関の名前が列挙されていることである。この七機関が、上述したＷＥＢＣＡＴ　ＰＬＵＳのそれと完全に一致するのである。恐らく、ＷＥＢＣＡＴの方では、何らかの事情で、巻別の個別の所蔵情報からはじき出されたものが、末尾に付加される形となったものと思われる。ＷＥＢＣＡＴ　ＰＬＵＳは、その付加情報のみを継承して、巻別の所蔵情報は表示されないから、全国の（一部国外も含まれるが）一二〇前後の大学がこの全集を所蔵しているというデータが消えてしまったのである。

個別の本の書誌情報は、国立国会図書館のＮＤＬ―ＯＰＡＣや、各大学の個別のＯＰＡＣでも代用できる部分がある。それらに比べてＷＥＢＣＡＴやＷＥＢＣＡＴ　ＰＬＵＳの情報のすぐれている点は、大量の所蔵機関の蔵書情報を横断検索できるという点にある。(8) 従って、全国の機関の所蔵情報というのは、是非継承して貰いたい部分である。

五

次に、四種類の『川端康成全集』の中でも、特に問題となった、一九五九年に刊行が開始されたA五判の全集（以下、五九年版全集と適宜略記することがある）について、細かく分析してみよう。

まず、五九年版全集が、全国の大学や研究機関にどれくらい所蔵されているかを、WEBCATとWEBCAT　PLUSのデータを比較することから行ってみよう。両データとも、所蔵機関はフェリス女学院大学を先頭に、和歌山大学まで、四〇機関の名前が挙げられており、所蔵機関そのものは完全に一致する。五九年版の全集は、WEBCATの段階から、所蔵情報が各巻別に分かれていなかったので、前節で見た、六九年版の全集のような問題は生じない。

一見、WEBCATからWEBCAT　PLUSへのデータの移行は、なんの問題も惹起していないように思われる。

ところが個別の機関が所蔵している五九年版全集の具体的冊数を見てみると、両データで必ずしも一致しない部分があるのである。基本的には、個々の所蔵機関の所蔵データを吸い上げる形で出来ているはずだから、WEBCATとWEBCAT　PLUSの二つのデータに相違はないはずであるが、なぜそのようなことが起きるのであろうか。ともあれ、両データの蔵書状況を一覧できるようにしてみよう。

大学・短期大学図書館の配列は、WEBCATとWEBCAT　PLUSの配列に従って並べてある。略称や音訓などによって、必ずしも五十音順ではない部分もある。矢印の前の算用数字がWEBCATのデータにおける各図書館の五九年版全集の冊数、矢印の後の数字がWEBCAT PLUSのデータ上の冊数である。Dは各図書館の請求記号などの書誌データが附載されているもの、Xはそのような書誌データがなく巻数のみがしるされているものである。

フェリス女学院大学	9D	↓	9D
岩手大学	12D	↓	12D＋2X
岐阜女子大学	2D	↓	2X
京都橘女子大学	12D	↓	12X
宮城教育大学	9D	↓	14X
京都大学	10D	↓	10D
金沢星稜大学	未表示[9]	↓	14X
九州大学六本松分館	12D	↓	12D
広島女子大学	8D	↓	8D＋6X
広島大学中央図書館	7D	↓	7D＋7X
香川大学	未表示	↓	12X[10]
大阪市立大学	1D	↓	1D＋13X

山梨県立女子短大	12D	↓	12D＋2X
四国学院大学	12d（11）	↓	12D＋2X
実践女子大学	12D	↓	12D＋2X
昭和女子大学	2D	↓	14X
大阪樟蔭女子大学	12D	↓	12D
上智大学	12D	↓	12D
信州大学	6D	↓	6D＋8X
神戸大学国際教養	10D	↓	10D＋4X
神戸大学人間科学	12D	↓	12D
静岡県立大学	12D	↓	12D
跡見学園女子大学	12D	↓	12D
千葉大学	12D	↓	12D
相愛大学	12D	↓	14X
鶴見大学	12D	↓	12D
帝京大学	12D	↓	12D＋2X
帝塚山学院大学泉ヶ丘	12D	↓	14X
東京大学総合図書館	12D	↓	12D

東北大学本館	12D	↓	14X
藤女子大学本館	12D	↓	12D＋2X
日本大学文理学部	10D	↓	10D＋4X
梅花女子大学	12D	↓	12D
武蔵大学	10D	↓	10D＋4X
北海道教育大学函館分館	14D	↓	14D[12]
明治大学和泉図書館	1D	↓	1D＋13X
立教大学	12D	↓	12X
琉球大学	12D	↓	12D
龍谷大学大宮図書館	12D	↓	14X
和歌山大学	11D	↓	11D＋3X

この一覧によれば、五九年版の『川端康成全集』の所蔵冊数が、WEBCATとWEBCAT PLUSの二つのデータで完全に一致している機関は、フェリス女学院大学（9）、岐阜女子大学（2）、京都橘女子大学（12）、京都大学（10）、九州大学六本松分館（12）、大阪樟蔭女子大学（12）、上智大学（12）、神戸大学人間科学系図書室（12）、静岡県立大学（12）、跡見学園女子大学（12）、千葉大学（12）、鶴見大学（12）、東京大学総合図書館（12）、梅花女子大学（12）[13]、立教大学（12）、琉

球大学(12)、以上一六大学しかない。カッコの中は、各機関が所蔵している冊数である。これに対して、岩手大学、宮城教育大学以下、龍谷大学、和歌山大学まで二二の大学では、WEBCATとWEBCAT PLUSの二つのデータで、所蔵冊数が異なるのである。もともとデータ上問題のある北海道教育大学函館分館を除くと、全三九機関のうち六〇パーセント近い機関で、所蔵冊数のデータが異なって出てくることになる。WEBCATとWEBCAT PLUSのデータのうち、どちらを信用したらよいのであろうか。また、このような問題はどうして生じたのであろうか。節を改めて論じてみたい。

六

比較的分かりやすいのは岩手大学の例である。岩手大学は、「12D→12D+2X」という所蔵冊数の変化が見られた。

実は、岩手大学ではWEBCATのデータは、以下のように一二冊分すべて請求記号や資料番号が付されていた。

第一巻	E九一八、五八、一	〇二〇〇八〇〇七六一
第二巻	E九一八、五八、二	〇二〇〇八〇〇七七九
第三巻	E九一八、五八、三	〇二〇〇八〇〇七八七
第四巻	E九一八、五八、四	〇二〇〇八〇〇七九五

第五巻　E九一八、五八、五　〇二〇〇八〇〇八〇三
第六巻　E九一八、五八、六　〇二〇〇八〇〇八一一
第七巻　E九一八、五八、七　〇二〇〇八〇〇八二九
第八巻　E九一八、五八、八　〇二〇〇八〇〇八三七
第九巻　E九一八、五八、九　〇二〇〇八〇〇八四五
第一〇巻　E九一八、五八、一〇　〇二〇〇八〇〇八五二
第一一巻　E九一八、五八、一一　〇二〇〇八〇〇八六〇
第一二巻　E九一八、五八、一二　〇二〇〇八〇〇八七八

これが、WEBCAT　PLUSのデータになると、請求記号が付されている一二冊分のデータと、巻数のみの一三巻、一四巻のデータとなる。

第一巻　E九一八、五八、一
第二巻　E九一八、五八、二
第三巻　E九一八、五八、三
第四巻　E九一八、五八、四
第五巻　E九一八、五八、五
第六巻　E九一八、五八、六
第七巻　E九一八、五八、七

第八巻　Ｅ九一八、五八、八
第九巻　Ｅ九一八、五八、九
第一〇巻　Ｅ九一八、五八、一〇
第一一巻　Ｅ九一八、五八、一一
第一二巻　Ｅ九一八、五八、一二
第一三巻
第一四巻

この場合は、ＷＥＢＣＡＴとＷＥＢＣＡＴ　ＰＬＵＳのデータの相違は分かりやすい。第一三巻と一四巻の情報がＷＥＢＣＡＴ　ＰＬＵＳの段階で付加されたものである。

すなわち、五九年版の全集は全一四冊（これが誤っていることは次節参照）であるとの認識から、現実に所蔵している一二冊に、未所蔵の一三、一四巻の巻数表記のみ付記したものである。このような形であれば、誤ったデータの一三巻、一四巻の部分を削除すればよいから、比較的処理もしやすい。

岩手大学のようなパターンで、極端な例は、本来は五九年版の全集全一二冊のうち第一〇巻のみの所蔵の大阪市立大学図書館と、第六巻と月報のみ所蔵している明治大学和泉分館が、ともにＷＥＢＣＡＴ　ＰＬＵＳでは、全一四冊というデータとなってしまう例である(14)。

阪市大図　第一巻、第二巻、第三巻、第四巻、第五巻、第六巻、第七巻、第八巻、第九巻、第

明大和　　一〇巻、九一八、六／K一／一一一〇、第一一巻、第一二巻、第一三巻、第一四巻
　　　　第一巻、第二巻、第三巻、第四巻、第五巻、第六巻、九一八／一一五／W、第七巻、
　　　　第八巻、第九巻、第一〇巻、第一一巻、第一二巻、第一三巻、第一四巻、月報　九
　　　　一八／一一五／W

この二大学は、わずか一冊だけ所蔵しているにもかかわらず、一四巻分のデータが出てくるのである。それでも函架番号（請求番号）の有無で、所蔵・未所蔵の区別は歴然としている。

これに対して分かりにくいのが、宮城教育大学、昭和女子大学、東北大学本館などの例である。これらの機関では、WEBCAT PLUSでは、すべて次のような形でデータが表示される。

第一巻、第二巻、第三巻、第四巻、第五巻、第六巻、第七巻、第八巻、第九巻、第一〇巻、第一一巻、第一二巻、第一三巻、第一四巻

これでは五九年版の全集を第一四巻まで所蔵しているという蔵書情報なのか、この全集そのものの書誌情報なのか不明である。一般的には、これらの機関には第一四巻まで所蔵していると思われても仕方がないであろう。ところが、現実にこの三機関が所蔵している、五九年版の全集の冊数は異なるのである。WEBCATからこの三機関の蔵書情報を取り出すと次のようになる。

宮教大　　第一巻、八九〇五九二一〇四、第二巻、八九〇五九二一一二、第三巻、八九〇五九
　　　　二一二九、第四巻、八九〇五九二一三七、第五巻、八九〇五九二一四五、第六巻、
　　　　八九〇五九二一五三、第七巻、八九〇五九二一六一、第八巻、八九〇五九二一七八、

第一〇巻、八九〇五九二一八六

昭女大図　第八巻、〇〇〇〇五四五七五、第一二巻、〇〇〇〇五四五七六

東北大本館　第一巻、〇一六〇〇四二四二〇五、第二巻、〇一六〇〇四二四二一三、第三巻、〇一六〇〇四二四二二一、第四巻、〇一六〇〇四二四二三〇、第五巻、〇一六〇〇四二四二四八、第六巻、〇一六〇〇四二四二五六、第七巻、〇一六〇〇四二四二六四、第八巻、〇一六〇〇四二四二七二、第九巻、〇一六〇〇四二四二八一、第一〇巻、〇一六〇〇四二四二九九、第一一巻、〇一六〇〇四二四三〇四、第一二巻、〇一六〇〇四二四三一二

宮城教育大学では一～八、一〇巻の九冊。昭和女子大学では八、一二巻の二冊。東北大学では全一二冊所蔵。このように、まったく異なる所蔵状況でありながら、WEBCAT　PLUSでは、三大学が完全に同じデータとなっているのである。

岩手大学、大阪市立大学、明治大学などのグループと、宮城教育大学、昭和女子大学、東北大学などのグループの、二つのグループのデータを比較することによって、WEBCATからWEBCAT　PLUSへ移行する際の、異なった二つの傾向を看取することができる。

岩手大学のWEBCAT　PLUSのデータでは、岩手大学附属図書館で使用されている請求記号と資料番号（書誌ID、RGTN）が、ともに記されていた。これがWEBCAT　PLUSのデータになると、資料番号は削除されている。一方で、請求記号はデータとして残っているから、請求記

号のついている巻は現実に所蔵されている巻、請求記号のついていない巻は所蔵していない巻、とはっきり区別することができる。このパターンの場合は、WEBCAT PLUSのデータを修正することが比較的容易であろう。利用者においても、現在のWEBCAT PLUSのデータだけでも、それほど不自由ではない。

一方宮城教育大学、昭和女子大学、東北大学などのグループに共通するのは、WEBCATのデータの段階で、各図書館自体の書誌データとしては資料番号のみであって、請求記号がなかったということである。WEBCAT PLUSでは、各図書館の固有の資料番号は、現在の画面では表示されないから、所蔵されている巻と所蔵していない巻の区別が付かない。このようなパターンの場合は、必ずWEBCATのデータを参照しなければならない。早い段階でのWEBCAT PLUSのデータの修正が望まれる。

所蔵している図書館の請求記号と資料番号の有無が、WEBCAT PLUSのデータに大きな影響を与えていることが確認できたが、更に残された問題もある。

問題が複雑な事例として神戸大学の例がある。同大学では、五九年版の全集は、国際・教養図書室と、人間科学図書室の二か所でそれぞれ所蔵されている。分室とはいえ、同じ大学の組織であるから、情報学研究所への提供データも統一されており、どちらも、WEBCATでは、請求記号も資料番号も併記される形である。

神大国際教養

第一巻　九一八、六／K九／一　〇六〇〇二〇〇〇三九九七八
第二巻　九一八、六／K九／二　〇六〇〇二〇〇〇四三〇四五
第四巻　九一八、六／K九／四　〇六〇〇二〇〇〇四〇二二七
第五巻　九一八、六／K九／五　〇六〇〇二〇〇〇四〇四八一
第六巻　九一八、六／K九／六　〇六〇〇二〇〇〇四〇五二五
第七巻　九一八、六／K九／七　〇六〇〇二〇〇〇四〇四八二
第八巻　九一八、六／K九／八　〇六〇〇二〇〇〇四〇〇九八
第九巻　九一八、六／K九／九　〇六〇〇二〇〇〇四〇三二一
第一〇巻　九一八、六／K九／一〇　〇六〇〇二〇〇〇四三〇四六
第一一巻　九一八、六／K九／一一　〇六〇〇二〇〇〇四二九九一
神大人間科学
第一巻　九一〇、八一、八二／一　〇四〇〇〇〇〇三六五五一
第二巻　九一〇、八一、八二／二　〇四〇〇〇〇〇三八七五三
第三巻　九一〇、八一、八二／三　〇四〇〇〇〇〇三七九二三
第四巻　九一〇、八一、八二／四　〇四〇〇〇〇〇三七七一四
第五巻　九一〇、八一、八二／五　〇四〇〇〇〇〇三八〇八二
第六巻　九一〇、八一、八二／六　〇四〇〇〇〇〇四〇五六四

第七巻　九一〇、八一、八二／七　〇四〇〇〇〇〇三八〇八三
第八巻　九一〇、八一、八二／八　〇四〇〇〇〇〇三七七一五
第九巻　九一〇、八一、八二／九　〇四〇〇〇〇〇三七七一六
第一〇巻　九一〇、八一、八二／一〇　〇四〇〇〇〇〇三八八二三
第一一巻　九一〇、八一、八二／一一　〇四〇〇〇〇〇四三五九七
第一二巻　九一〇、八一、八二／一二　〇四〇〇〇〇〇四一七三六

これがWEBCAT　PLUSでは、資料番号が削除されるのは、これまでに見てきた大学と同じであるのだが、国際・教養図書室の方のみ、三巻、一二巻、一三巻、一四巻という誤ったデータが付加されているのである。

神大国際教養
第一巻　九一八、六／K九／一
第二巻　九一八、六／K九／二
第三巻
第四巻　九一八、六／K九／四
第五巻　九一八、六／K九／五
第六巻　九一八、六／K九／六
第七巻　九一八、六／K九／七

第八巻　九一八、六／K九／八
第九巻　九一八、六／K九／九
第一〇巻　九一八、六／K九／一〇
第一一巻　九一八、六／K九／一一
第一二巻
第一三巻
第一四巻

これに対して人間科学図書室の方は、資料番号が消えただけで一二巻までのデータが記載されるだけである。

同じように五九年版全集を所蔵していて、同じように請求記号と資料番号が付されていて、しかも同じ大学の中でありながら、WEBCATからWEBCAT　PLUSへのデータの変換に際して、一方は、一三巻、一四巻という情報（誤情報）が付加され、一方は付加されていない。同一の機関内でも、異なった結果を招来しているのである。今後は、全一四巻という情報が、どの段階で、どのように付加されたのかということの探求が課題であろう。

七

さて、WEBCATやWEBCAT　PLUSのデータ上における、五九年版の『川端康成全集』

の最大の問題点は、本来全一二冊であるにもかかわらず、全一四冊と誤認されていることである。このことについては前章でも述べたが、論述の必要上、簡単に触れておく。

新潮社は一九五九年から全一二冊の『川端康成全集』を刊行、数年で完結させた。その後、一九六九年からまた新たに全一四冊の全集の刊行を開始した。六九年版の全集は、装丁や造本は五九年版全集とまったく異なるが、内容的には五九年版の全集を基に一部を追加したようなものであるから、所収作品やその配列はほとんど同じである[15]。従って、もともとこの二つの全集は混同されやすい。図書館によっては、予算の関係から、五九年版に六九年版の全集を取り合わせて一セットにするということもあったかもしれない。

さらに、六九年版の全集は、当初は一四冊の予定であったのが、途中で一冊追加されることになり全一五冊に変更され、さらに刊行途中の川端の死を受けて再度の変更がなされ、最終的には一九冊になった[16]。これが、WEBCAT PLUSの「五、川端康成全集（七）川端康成著、新潮社、一九六九、一九冊」に該当する。六九年の全集は、最終的には一九冊の全集であり、これが正確なデータであるが、当初は一四冊の予定であり、編集の変更に際して、刊行期間が大幅に伸びた。特に第一四巻と第一五巻の間には三年もの空白がある。そのため、今日でも、第一四巻までしか購入していない図書館や[17]、第一四巻までをセットとして販売している古書店などもある[18]。

こういった事情もあって、全一四冊の全集が仮構される下地ができ、五九年の全集がWEBCAT上で全一四冊と誤られたのである。恐らくそれは、WEBCATでは二〇〇二年九月までのデータにあった、北海道教育大学函館分館、梅花女子大学、九州芸術工科大学のいずれかのデータが、最初に情報学研究所に吸い上げられる段階で生じたのであろう。以上の三校のうち、梅花女子大と九芸工大はその後、データの修正がなされ、梅花女子大学などは、五節でも見た如く、WEBCATでもWEBCAT PLUSでも、きちんと全一二冊のデータに改められている。このようにローカルのデータは修正されたが、情報学研究所では全一四冊というデータが残存してしまったようである。

その結果、二〇〇三年九月現在、WEBCAT PLUSでは、岩手大学（12D＋2X）、宮城教育大学（14X）、金沢星稜大学（14X）、広島女子大学（8D＋6X）、広島大学（7D＋7X）、大阪市立大学（1D＋13X）、山梨県立女子短大（12D＋2X）、四国学院大学（12D＋2X）、実践女子大学（12D＋2X）、昭和女子大学（14X）、信州大学（6D＋8X）、神戸大学国際教養（10D＋4X）、相愛大学（14X）、帝京大学（12D＋2X）、帝塚山学院大学（14X）、東北大学（14X）、藤女子大学（12D＋2X）、日本大学（10D＋4X）、武蔵大学（10D＋4X）、北海道教育大学函館分館（14D）、明治大学（1D＋13X）、龍谷大学（14X）、和歌山大学（11D＋3X）、の二三の機関で、五九年版の『川端康成全集』が全一四冊であるという、誤ったデータを表示するに至っている。一年前のWEBCATの段階では、一四冊と表示したのは三機関であったから、WEBCATからWEBCAT PLUSへのデータ移行の過程で、誤った情報が七倍以上にふくれあがったことになる。

なお、五九年版の全集の刊行時期が、WEBCATでは「一九五九～一九七〇」となっていた問題も、第三章では指摘したが、これは訂正され、WEBCATもWEBCAT PLUSも「一九五九

～一九六二」となっている。ただ個別の図書館では、古い情報のままのようで、今回確認したほぼすべての図書館が、刊行時期を「一九五九～一九七〇」としているままである。[19] 情報の正確な書き換え、それもできれば自動修正が今後の課題であろう。

八

以上見てきたように、ＷＥＢＣＡＴからＷＥＢＣＡＴ　ＰＬＵＳに移行する際に派生した問題がいくつかある。

特に、大部の全集などの細目表示を、ＷＥＢＣＡＴの形のように復活させることは、緊急を要するであろう。一つだけ例を加えれば、恐らく戦後の日本文学全集の類の中で、歴史的価値も、今日的価値も共に最大のものであると思われる、筑摩書房の『現代日本文学全集』[20]は、ＣＡＭＢＲＩＤＧＥ、ＯＸＦＯＲＤをはじめとする国内外の約一七〇前後の機関が所蔵している。北海道教育大学では附属図書館、旭川分館、岩見沢分館、釧路分館、函館分館と五か所が所蔵しており、他にも日大、北大、東大、学習院、京大、九大等々、この全集を複数の部局で所蔵している大学は枚挙にいとまがない。いかにこの全集の評価が高いかが理解できよう。ところが、ＷＥＢＣＡＴ　ＰＬＵＳの方では、このデータが全く出てこない。ＷＥＢＣＡＴでは、詳細表示の中の個別の巻冊に所蔵情報がぶら下がっていたからである。ＷＥＢＣＡＴ　ＰＬＵＳは、現時点では巻別の所蔵情報を継承していないから、巻別情報からはじき出された月報の所蔵情報のみが表示されるという変則的な形になってしまっている。

次に、各大学・機関の書誌情報のうち、請求記号はWEBCATからWEBCAT PLUSに継承されたが、資料番号は現時点では表示されていないという問題がある。WEBCATの段階で、資料番号のみの大学は、書名情報だけが残ったから、全集・叢書の場合は、現実に所蔵しているのか、ただの書誌情報なのか不明である。事実、五九年版の『川端康成全集』は、一冊しか所蔵していない大学が、一四冊分の巻数が表示されるに至った。これも、資料番号を復活させると回避できるのではないか。資料番号は書物の「物理単位に対する登録番号[21]」であるから、この番号が付されている限り、物理単位として現存する書物となるのである。

最後に、根本的な問題として、第三章でも指摘した、誤った書誌情報の問題がある。五九年版の『川端康成全集』は、全一二冊の全集であるのだが、WEBCATでは一部に全一四冊と誤った表示が出ていた。誤表示の三大学のうち二大学はその後修正されたのだが、WEBCAT PLUSではなぜか誤情報に基づき全一四冊との書誌情報を表示する大学が、二三大学にも増加した。その結果、これらの大学では、WEBCATとWEBCAT PLUSで所蔵冊数が違うということまで現出してしまった。誤情報の増殖がどのようにして起こったのか分析し、対応策を取る必要があろう。

注

（1）初出は「『川端康成全集』とNACSIS WEBCAT」（『文芸と思想』六七号、二〇〇三年二月）。

（2）http://webcatplus.nii.ac.jp/abpit/top.html

（3）たとえば、高橋治『絢爛たる影絵—小津安二郎—』を調べると、一九八二年の文藝春秋版では、タイトル、責任表示、出版事項、形態事項、著者標目、分類、件名などの書誌情報が出てくるだけだが、二〇〇三年の講談社版では、内容として、次のような文章がみられる。
小津安二郎の代表作、『東京物語』で助監督をつとめた作家・高橋治が伝説の巨匠の生涯を鮮やかに蘇らせたノンフィクション・ノベル。

カメラマン厚田雄春ほか、笠智衆や岸恵子、篠田正浩、大島渚など、生前の小津を知るゆかりの人々を訪ね歩き、多くの文献に基づきながらも、あくまでも高橋治自身の眼で見た小津、セットの空気を一緒に吸った小津を語る。

出色の小津論として評価された幻の名作が、小津安二郎生誕一〇〇年に際して復活！

小津のシンガポール時代を書いた短編も併録。

これは、帯の文章を再掲したものだが、同書のまさに「空気」を良く伝えていると言えよう。
（4）同じデータベースに英国ブックデータ社の情報などを加え、二〇〇三年九月現在で、約二〇万件の目次や内容情報の文字列検索が可能な、東京大学の「ブックコンテンツ・データベース」は、利便性がある。
なお、「「BOOK」データベース」「ブックコンテンツ」については、「書誌情報の充実と図書博物館への道」『九州地区大学図書館協議会会誌』四六号（本書第一章二）でも言及した。
（5）「角川版昭和文学全集」というのは、国会図書館などでも使用される称であるが、やや誤解されやすいかもしれない。一九五〇年代初頭に同じ角川書店から出版され「当今随一の大当たりを誇った」（岡野他家夫『日本出版文化史』第六章）、A五判で全六〇冊の『昭和文学全集』とは別のものである。ここで述べているのは、一九六〇年代前半に刊行された、変型四六判全四〇冊で、サファイア・セット、ルビー・セットの愛称で親しまれたものである。拙稿「角川書店の『昭和文学全集』の変化」

（『文芸と思想』六九号、二〇〇五年二月）参照。

なお、注（一）拙稿の段階では、「宮沢賢治集」のページ数のデータが、現物とは異なる大学は三大学だったが、二〇〇三年九月現在、新たに北海道武蔵短大が加わっている。小さな例ではあるが、これもまた誤情報が増殖した例である。

（6）拙稿「新潮社の日本文学全集の動静」（『香椎潟』四九号、二〇〇三年七月）

（7）『新潮社八十年図書総目録』（一九七六年刊）の、一九六九年四月一五日の項には、はっきりと「ノーベル文学賞受賞記念出版」と記されている。

『川端康成全集』全一九巻の刊行を始める（→四九・三・三〇）。ノーベル文学賞受賞記念出版。全一五巻の予定で刊行を開始するが、一四冊を刊行して著者が死去したので、第一五巻の編集を改め、四冊を追加して、全一九巻とする。

ただし「全一五巻の予定で刊行を開始」というのはやや不正確で、一四巻→一五巻→一九巻という経過を辿った。注（16）参照。

また、当初の内容見本の表紙には、「ノーベル文学賞受賞記念出版　川端康成全集全十四巻」と記されている。

（8）大まかにいって、全国の大学の図書館の蔵書のうち、WEBCATで横断検索できるものは、現時点ではまだ半分程度ではないか。各大学のOPACでは検索できるがWEBCATには情報が上がっていないものもあるし、何よりも過去の文献まで遡及入力できていない大学がかなりある。たとえば、図書館改革にいち早く着手し、「和漢古典籍に関する知識と技術の継承プロジェクトグループ」の活動が平成一五年度国立大学図書館協議会賞を受賞した、名古屋大学附属図書館でも、OPACで検索可能な図書は「原則として、一九八七年四月以降に受入されたもの」（http://opac.nul.nagoya-u.ac.jp/help/japanese/opacdata.html）である。遡及入力が終わるのは六年後の予定である（第一九回大学図書館研究集会、二〇〇三年九月一九日、於早稲田大学国際会議場、「変革の時代に於ける図書館経営戦略—存在感ある図書館を目指して—」配付資料、一六ページ）。先進的な大学でも、労力・予算面など多くの制約があるようだ。現時点でもさまざまな形で有効活用が可能なWEBCATの横断検索であるが、これら各大学のデータが吸収されると、その恩恵は計り知れないものがある。

(9) WEBCATでは金沢星稜大学の大学名のみで、具体的な所蔵冊数は示されない。金沢星稜大学のOPACで検索したところ、全一四冊（請求番号九一八、六八／KA九一／一～一四）が記念館三階の第一図書館に所蔵されていると表示された。

(10) 香川大学もWEBCATでは校名のみの表示なので直接検索したところ、全一二冊（〇八一、八／八／一～一二）が中央館に所蔵されていることが確認できたので「12X」と表示した。

(11) 四国学院大学ののデータは、下記の如くであるが、これは機械的な表示ミスで、第九巻から第一二巻までがつながってしまったようだ。WEBCAT PLUSのデータを参考にして「12d」と表示した。

四国院；第1巻　九一八、六／KA九一　〇一三五六三。第二巻　九一八、六／KA九一　〇一三五六四。第三巻　九一八、六／KA九一　〇一三五六五。第四巻　九一八、六／KA九一　〇一三五六六。第五巻　九一八、六／KA九一　〇一三五六七。第六巻　九一八、六／KA九一　〇一三五六八。第七巻　九一八、六／KA九一　〇一三五六九。第八巻　九一八、六／KA九一　〇一三五七〇。第九巻　九一八、六／KA九一　〇一三五七一　九一八、六／KA九一　〇一三五七二。第一二巻　九一八、六／KA九一　〇一三五七三。

(12) 北海道教育大学函館分館のデータは、資料番号の隔たりから推測して、五九年版の全一二冊の全集に、六九年版の全集の第一三巻、第一四巻が一つの全集として数えられたことによるのではないか。

注（1）拙稿参照。

(13) 梅花女子大学のデータは、第三章でも触れた如く、当初は一四冊と記されていた。そののちWEBCATのデータは修正されている。WEBCAT PLUSのデータも二〇〇三年三月の段階では、以下のように一四冊（14X型）となっていたが現在では一二冊に修正されている。適宜データのチェックが行われているのであろう。図書のデータ管理のあるべき方向性を示すものとして注目されるところである。

梅花女子大学の、二〇〇三年三月一〇日時点での、WEBCAT PLUSのデータは以下のようであった。

梅花女　第一巻、第二巻、第三巻、第四巻、第五巻、第六巻、第七巻、第八巻、第九巻、第一〇巻、第一一巻、第一二巻、第一三巻、第一四巻

(14) 大阪市立大学と、明治大学和泉分館のWEBCATのデータを出しておく。

阪市大図　第一〇巻　九一八、六／K一／一―一〇／A―四三六四〇
明大和　第六巻　九一八／一一五／W三〇〇八六六
　　　月報　九一八／一一五／W三五五三一六

(15) 注（1）拙稿。

(16)『川端康成全集』第一三巻（一九七〇年四月刊行）に挿入された「読者の皆様に」という一枚刷りのチラシには次のように記されている。

川端康成全集は、全一四巻として発表いたしまして、第一回配本以来ほぼ毎月刊行を続けて参りましたが、収録分量の関係上、一巻を増巻し、全一五巻とさせていただくことになりました。残る二巻の内容はだいたい左記のやうになります。

第一四巻　随筆・後記集成（以下略）
第一五巻　文芸時評・美しい日本の私（以下略）

なほ、原稿整理、著者校閲のため、第一四巻は九月下旬刊行（第一五巻の刊行期日は第一四巻に明記）になります。（下略）

第一四巻が、「独影自命・続落花流水」として刊行されたのは、七〇年一〇月、その月報の末尾には、次のように記されている。

残る最終巻（第一五巻「文芸時評・美しい日本の私」）は、来春四月刊行の予定です。

ところが、七二年四月の川端の自死のために、この予定は大幅に変更を余儀なくされ、第一五巻の「たんぽぽ・竹の声桃の花」が刊行されたのは七三年九月であった。「美しい日本の私」は第一五巻に含まれたが、「文芸時評」を中心とした批評集成が「文学時評」として、一六巻から一九巻の四巻に再構成されることとなり、ここに全一九巻としての、この全集の最終変更が行われたのである。

また、一九巻版として再スタートするにあたって作成された内容見本の九ページには、「増巻の経緯その他—配本再開に際し、編集部より—」として、この間の経緯が詳しく述べられている。

（17）因みに、WEBCATから、六九年版の全集の所蔵図書館数を調べると、第一四巻までを所蔵している大学のうち、約二〇の大学が第一五巻以降を所蔵していないことが分かる。館数のみ示せば、第一三巻を所蔵している図書館数は一二二、第一四巻は一二一であるのに対し、第一五巻は一〇一、第一六巻～一九巻は一〇三である。このほとんどは、刊行が遅延している間に、定期購入のリストから漏れてしまったのではないかと思われる。

（18）注（1）拙稿。

（19）東京大学総合図書館をはじめほとんどの大学では、刊行時期は「一九五九～一九七〇」のままである。正しく「一九五九～一九六二」となっているのは、梅花女子大学図書館などごく一部に過ぎない。

（20）拙稿「筑摩書房の日本文学全集の変遷」（『香椎潟』四八号、二〇〇二年一二月）

（21）『目録情報の基準』第四版、第二部目録情報の作成（文部省学術情報センター、一九九九年一二月）

（後記）『文芸と思想』六八号、二〇〇四年二月に発表。校正の段階で次の情報に接した。国立情報学研究所開発・事業部次長名で、目録システム参加機関あてに送られた「平成16年度遡及入力事業の実施について（照会）」という文書（国情研コ第一六三号、一六年一月一五日付）に依れば「蔵書数に対するNACSIS―CATへのデータ入力率（遡及率）は、国立大学に限っても五〇％程度にとどまって」いるとのことである。注（8）の見通しの裏付け資料としてあげておく。

主要書籍検索システム・用語解説

◎ BOOK データベース　p. 14

トーハン、日本出版販売、日外アソシエーツ、紀伊国屋書店の四社が共同開発し、著作権を有する図書情報データベース。1986年以降に発行された図書の、目次や帯・カバーなどに書かれている内容情報を収録。2006年７月現在で90万件以上のデータの蓄積がある。紀伊国屋書店の BOOKWEB のほか、WEBCAT PLUS（→別項）の「内容・目次」情報、東京大学附属図書館のブックコンテンツ（→別項）で生かされている。

◎ GeNii　p. 186

国立情報学研究所（NII →別項）が構築している「NII 学術コンテンツ・ポータル」のこと。同研究所が提供してきた、WEBCAT PLUS（→別項）、CiNii（サイニイ、論文情報ナビゲータ、一部有料）、KAKEN（科学研究費成果公開サービス）、NII-DBR（学術研究データベース・リポジトリ）を総合的に検索すると共に、外部の情報との連携を図る。2005年から、総合検索システムの正式サービスが開始された。

◎ JAPAN OPAC LIST　p. 163

農林水産研究情報センターが作成した、日本国内図書館 OPAC リストのこと。各図書館のホームページのトップではなく、一挙に検索のページにはいることができる。東京工業大学の試み（→全国大学図書館 WEB）同様、いち早い取組が評価される。各図書館のトップページがやや装飾過多となり、OPAC の項目が紛れやすい現在では、却って有効かもしれない。（参考→ OPAC）

◎ NACSIS-CAT　p. 10

国立情報学研究所（NII →別項）が提供する目録・所在情報サービスの略称で、オンライン共同分担目録方式により全国規模の総合目録データベース（図書・雑誌）を形成するためのシステム。この方式により、大学図書館の個別の書誌作成業務が大幅に軽減された。2006年3月末時点で、接続機関数1145。NII は随時データ整備を行うほか、書誌ユーティリティ課題検討プロジェクトの設置、遡及入力支援のための自動登録システムの実験など、データの質的量的充実に恒常的に努めている。（参考→ NACSIS WEBCAT）

◎ NACSIS WEBCAT　p. 10

国立情報学研究所（NII →別項）が、NACSIS-CAT システムで作成した、全国の大学図書館や研究所が所蔵する図書・雑誌の総合目録データベースを、WWW 上で検索できるシステムのこと。研究書・学術関連書の蔵書情報としては最も優れたもの。各大学などの OPAC にのみ残っているいわゆるローカル・データの吸収が終了すれば、世界的にもすぐれたデータベースとなる。著者名を姓・名で区切るのは、今日ではやや使いづらい。（参考→ NACSIS CAT）

◎ NC-AUTO Version 2　p. 10

国立情報学研究所（NII →別項）が進めている、総合目録データベースへの遡及入力支援業務のために、日本電気が開発したシステム。NACSIS-CAT（→別項）への接続機関はほぼ安定した数字に到達したが、図書自体はそれら機関が現実に所蔵している資料のすべてが登録されているわけではない。分館や各研究室、個別の OPAC などに残された図書の遡及入力が課題であるが、NII はこれらを側面から支援し、本システムの実証実験の成果などを公表している。

◎ NDL-OPAC　p. 17

国立国会図書館（National Diet Library）の蔵書検索・資料申し込みシステム。利用者登録をすれば資料申し込みまで、登録しなくとも蔵書検索ができる。書誌情報を得るためには必見。書誌拡張検索から、

書誌一覧表示、個別の全項目表示へと進む。一つの書誌情報から個人著者標目や件名を辿ることは、多くのOPACで可能だが、単独の図書館としては日本最大の蔵書量であるから大きな効力を発揮する。

◎ NII p. 13

国立情報学研究所（National Institute of Informatics）のこと。学術情報センター（National Center for Science Information Systems）を母胎として2000年4月に設置された。同センターの情報関連のサービスはNIIに継承後も、広く普及していたNACSISの名称を冠して呼ばれる。(参考→GeNii、NACSIS-CAT、NACSIS WEBCAT、WEBCAT PLUS)

◎ OPAC p. 6

オンライン閲覧目録（online public access catalog）のこと。コンピュータ化された閲覧目録で、従来のカード型目録・冊子目録に比べて多数の検索項目が設定され、一つの検索結果から、さらに件名や個人著者標目を辿って多用な検索も可能である。館内設置型端末で検索することから始まったが、インターネットに接続することで利用が飛躍的に拡大してきた。

◎ TRC p. 6

株式会社図書館流通センターのこと。1979年設立。新刊図書類に書誌データを付けて全国の図書館に納入する業務を中心とし、最近では指定管理者制度や委託業務を通して、公立図書館、学校図書館の運営や図書館業務にも参画。TRC MARCと呼ばれる書誌データベースは、新刊書のデータとしては、速報性・累積性にすぐれ、図書館の選書情報として欠かせない。図書館関係者のみならず、一般読書家に人気のあったブックポータル（→別項）は、2005年度途中で休止となった。

◎ WEBCAT → NACSIS WEBCAT

◎ WEBCAT PLUS　p. 13
国立情報学研究所（NII →別項）の NACSIS WEBCAT（→別項）の検索機能・性能を強化し、使い勝手を向上させ、次世代 WEBCAT となることを目指して開発されたもの。2002年10月から WEBCAT と並行してサービス開始。従来型の一致検索のほか、人間の思考方法に近い連想検索を搭載したのが特徴。所蔵情報は従来の WEBCAT の方が詳細な面があるから、両者を併用することによって効力を発揮する。また BOOK データベース（→別項）に基づく内容情報は極めて有益。

◎横断検索　p. 7
複数のデータベースを対象として、同一の検索を同時に実行すること。図書所在情報や書誌情報を得る場合、個別館の情報では不十分であることが多いので、多数の図書館の情報を同時に検索できれば便利である。研究機関の場合 WEBCAT（→別項）でかなりの情報を得られるが、公立図書館が立ち後れている。北海道、東京都、愛知県、京都府、大阪府など都道府県ごとに整備されているが、福岡県内横断検索など検索に時間を要するところもある。

◎総合目録データベース→ NACSIS-CAT

◎総合目録ネットワークシステム　p. 7
国会図書館の他、都道府県立図書館の大半と、政令指定都市図書館の一部が一括検索できる。2004年12月から一般公開された。いずれも蔵書数の多い図書館であるだけに、総合検索の意味は大きい。個別各館の書誌データに基づいているので重複レコードに留意する必要がある。国会図書館のトップページ（http://www.ndl.go.jp/）から、「図書館員のページ」→「総合目録ネットワーク」→「総合目録ネットワークシステム」と進んで、利用できる。

◎全国大学図書館 WEB　p. 163

東京工業大学附属図書館が、国内の大学図書館関係の WWW サーバの URL を収集・作成したもの。同様の試みは今では多く見られるが、先鞭を付けたものの一つ。現在は、同大学附属図書館のトップページの「関連リンク」の項目の「全国大学図書館ホームページ」へと進む。

◎ブックコンテンツ　p. 1

東京大学情報基盤センター図書館電子化部門の蔵書目次検索。東京大学が所蔵する本の目次情報や内容情報（要旨・帯・カバーからの情報）を検索できるデータベース。BOOK データベース（→別項）や、イギリスのニールセン・ブックサービス社のデータベースに、東京大学が独自に作成したデータが加わる。学術研究書の内容情報としては最も充実している。

◎ブックポータル　p. 28

図書館流通センター（TRC →別項）が提供していたデータベースで、1980年 1 月以降に日本国内で出版された書籍100万件以上が検索できた。内容情報だけでなく、表紙画像も豊富に収録されており、特に速報性にすぐれていた。多くの大学や図書館のホームページにリンクが張られていたが、2005年度半ばでこのサービスは休止となった。

◎落札価格年報　p. 132

明治古典会が一年間に主催した例会や大市の落札価格をまとめたもの。古書店側の内部資料として作成され、1966年から 7 冊発行された。古書業界の落札価格の記録自体あまり多くないが、明治百年前後で明治本・近代文学資料が多く市場に出た時期だけに貴重な資料。A5 判横本で平均250ページ、カバー付、限定280～350部。各冊限定番号と配布古書店名が記入されている。

あとがき

　二〇〇二年四月から、勤務先の大学附属図書館の館長併任となった。それまで、全国の大学図書館や各地の文庫などに資料を見に行くことが多く、閲覧依頼状の発行などで他の教員以上にお世話になっていたから、多少の恩返しもできるかと引き受けることとした。選挙の結果に異を唱えるのは民主的でもなかろう。それまで図書館の運営委員の経験もあったし、なんとかなるであろうと、軽はずみにも考えたのである。

　任にあらずと気がつくまでにひと月もかからなかった。四月に行われた、九州地区図書館協議会公立大学部会で次々に報告される、各大学の様々な利用者サービス（サービスというより業務といった方が正確かもしれない）が、ほとんど未知のものだったのである。曰くＯＰＡＣ講習会、曰く図書委員意見交換会、曰く図書館の連携、曰く図書館ツアー……。内容は理解できても、少人数の職員しかいない本学では実現不能に思われることばかりである。

　頭を抱えていたときに、一冊の本との出会いがあった。村上春樹の『海辺のカフカ』である。小説中の甲村記念図書館の有り様は一つの啓示のように思われた。佐伯館長は毎週火曜日自ら図書館ツアーの案内役となる。主人公の田村カフカも、ナカタさんと星野青年の奇妙なコンビも、佐伯さんに導かれて、もう一つの世界を垣間見るのである。小規模な図書館でも、人手が少なくとも、図書や図書館に対する愛情があれば何とかなるのではないか。大学の正式行事として、評議会の承認を受けて、二〇〇四年度から発足した本学の図書館ツアーは、甲村図書館のように館長自身が案内役に立つ。私自身は佐伯さんに及びもつかないが、専門分野の違う代々の館長が案内役となることによって、図書館は様々な方向から光を当てられるのではなかろうか。

図書館独自の裁量でいち早く始めることのできた、図書情報検索講習会、所蔵図書資料展、図書館だよりの発行にも館長自身が関わることとした。館長の職務は全体の統括であろうが、小さな組織では、従来の職務になかった隙間を埋めることもまた館長の仕事であろう。そうすることによって、様々な実験的業務に挑戦することができるのではないだろうか。

そのような挑戦を可能にしたのも、歴代の図書館長の敷設した軌道があったからである。本学図書館は土日完全閉館で年間開館総時間数は極めて少ない。その欠を補うために歴代の館長は、お盆時期の開館、御用納め・御用始めの開館などに取り組んできた。利用者のため開館時間の拡充を図るといった歴代館長の試みの上に、筆者の任期中の土曜開館の一部実施や月末整理日の開館ということが可能であったことを明記しておきたい。

私的回想を許していただけば、二〇〇四年度の全国図書館大会の会場は、『海辺のカフカ』の甲村図書館のある高松市であった。本の装丁や図書館における保存の有り様について興味があった筆者は、その高松の地で、本の保存方法や装丁の醍醐味について、図書館や出版関係の人々の様々な知見にふれることができた。装丁家の大貫伸樹氏や日本出版学会の諸氏との出会いと共に、この四年間の忘れられない思い出である。

本書は、この四年間に書き記したものを中心に構成した。初出のあるものはそれぞれの末尾に記したが、一書とするにあたって、全体の表記の統一などを図った。刊行に際しては、和泉書院社主の廣橋研三氏のお世話になった。本作りに人一倍の情熱を持つ廣橋さんと一緒に仕事ができたのは、何よりの喜びである。

二〇〇六年七月

田坂憲二

著者略歴

田坂 憲二（たさか けんじ）

1952年福岡生まれ。九州大学大学院文学研究科博士課程中退。博士（文学）。現在福岡女子大学教授、2006年3月まで附属図書館長兼任。
専門は日本古典文学、特に平安時代の文学。源氏物語古注釈に関する業績で、第14回日本古典文学会賞受賞。

主要著書
『源氏物語の人物と構想』(和泉書院)、『藤原義孝集本文・索引と研究』(共著、和泉書院)、『為頼集全釈』(共著、風間書房)。

所属学会
中古文学会、全国大学国語国文学会、日本文学協会、日本図書館協会、日本出版学会他。

大学図書館の挑戦　　和泉選書154

2006年11月15日　初版第一刷発行©

著　者　田坂憲二

発行者　廣橋研三

発行所　和泉書院

〒543-0002　大阪市天王寺区上汐5－3－8

電話06-6771-1467／振替00970-8-15043

印刷・製本　シナノ／装訂　井上二三夫

ISBN4-7576-0394-0　C1300